책으로 사람을 연출하다

책으로 사람을 연출하다

**초판1쇄 인쇄** 2020년 2월 24일
**초판1쇄 발행** 2020년 2월 28일

**지은이** 김재현, 김춘이, 이인경, 최봉도, 허선호
**펴낸이** 신일희
**펴낸곳** 계명대학교출판부
42601 대구광역시 달서구 달구벌대로 1095
전화 053) 580-6233 팩스 053) 580-6235
http://www.kmupress.com
**출판등록** 1970.9.1.[신고번호 제347-1998-1호]

**ISBN** 979-11-6516-036-4 03320
**값** 15,000원



이 도서의 국립중앙도서관 출판예정도서목록(CIP)은 서지정보유통지원시스템 홈페이지(http://seoji.nl.go.kr)와 국가자료종합목록 구축시스템(http://kolis-net.nl.go.kr)에서 이용하실 수 있습니다. (CIP제어번호 : CIP2020007879)

# 책으로 사람을 연출하다

김재현

김춘이

이인경

최봉도

허선호

빛을여는책방

# 머리말

최근 인성교육진흥법이 발흥되면서 초중고, 대학생에 이르기까지 인성교육에 대한 관심이 뜨겁고, 많은 학교에서 인성교육이 시행되고 있다.

인성교육에 기폭제 역할을 한 것은 수많은 학교 폭력에서 벌어지는 비인간적인 실태와 특히 군대에서의 가혹행위였다. 우리 사회는 인터넷과 SNS를 기반한 고도의 연결사회로 접어들고 있다. 이제 개인의 작은 행동 하나가 전국민에게 심지어는 해외까지 알려질 수 있는 여건이 조성되어 있다. 이러한 상황에서 인간답지 않은 태도, 비인간적인 행동은 손쉽게 알려지고 전파되며 거의 영구적으로 보존된다. 그렇기 때문에 인간됨과 인간다움은 더욱 더 절실하고 중요한 문제가 되고 있다.

인성교육은 정보에 대한 지적인 이해 뿐 아니라, 경청과 공감능력 등 감성 및 행동과 관련된 부분을 포함한다. 그렇기 때문에 이론적인 강의만으로는 소기의 목적을 달성하기 어렵다. 반면에 체험 및 실습활동과 참여만으로 인성관련 내용을 깊고 풍부하게 통찰하기도 쉽지 않다. 인성교육에는 인지적 측면과 정서적 측면 그리고 활동적 측면이 동시에 마련되고 활용되어야 한다. 따라서 두 영역의 통합적 교육과정에 대한 현실적 요청으로 〈책으로 사람을 연출하다〉 강의가 개설되었다. 이 강의는 텍스트, 드라마, 토론, 글쓰기가 결합된 인성교육 수업 모델의 하나이다. 텍스트를 드라마화 하는 전체적인 흐름 속에서 토론과 글쓰기를 병행하는 방식으로 수업을 진행하여 이론적 깊이를 추구하고 능동적이고 직접적인 참여 및 체험이 결합되어 인성증진 학습에 실질적 효율성을 성취할 수 있을 것이다. 이는 곧 인성교육과 글쓰기, 독서 등의 융합을 도모한다고 볼 수 있다.

이 책은 현재 교육 현장에서 〈책으로 사람을 연출하다〉 강의 및 훈련을 담당하고 있는 저자들의 고민과 마음을 담은 살아 있는 책이다. 또한 이 책은 독자들에게 인간됨과 인간다움의 문제에 더나아가 삶의 문제에 대한 작은 해답과 도움을 주고 싶은 책이다.

귀한 글로 여백을 채워주신 집필진에게 감사의 마음을 전하며, 아울러 책의 출판을 위해 마음을 다해 주신 빛을여는책방 여러 선생님들에게 깊이 감사드린다.

차례

## 03 고통



## 04 죽음



## 05 희망

## 일러두기

1. 본서의 책소개에서 표기된 ( )내 숫자는 소개하고자 하는 책의 페이지이다.
2. 본서에서 사용된 이미지는 모두 픽사 베이에서 인용되거나 개인이 찍은 사진들이다.

# 들어가며

# 들어가며:
# 인간, 인간됨, 인간다움을 찾아서

우리는 태어나서 지금까지, 아침에 눈을 뜨고 나서 잘 때까지 인간을 만난다. 또한 우리가 직접 다 만나지는 못할지라도 지구상에는 수십 억 명의 인간들이 살고 있다. 이렇게 너무나 많은 인간들이 존재하고, 너무나 자주 인간들을 만나기에 우리는 인간을 잘 안다고 생각할 수 있을 것이다. 오히려 인간이 뭔지 잘 모른다고 생각하는 편이 더 어렵다. 그러나 잘 알고 있다고 생각되지만 막상 진지하게 물어보면 잘 모르는 것들이 많이 있다. 존재, 생명, 시간이 그러하며, 인간도 마찬가지다. 평소에는 잘 안다고 생각되지만 막상 물어보면 대답하기 어렵다.

기독교 교부 아우구스티누스(A. Augustinus)는 고전적인 저서 『고백록』에서 '시간'과 관련해서 다음과 같이 고백한다.[1]

> 그러면 시간이란 도대체 무엇입니까? 만일 아무도 나에게 묻지 않는다면 나는 알고 있습니다. 그러나 묻는 자가 내게 시간을 설명하려고 하면 나는 모릅니다.

시간의 경우처럼 안다고 생각했지만 사실상 모르는 것들이 있다. 인간의 경우도 그러하다. 아우구스티누스의 표현법을 빌려 말하자면, 우리는 대체로 누가 인간이 무엇인지 물어보기 전에는 인간이 무엇인지 안다고 생각하지만, 막상 누군가 '인간이 무엇이냐?'라고 물어본다면 쉽사리 대답하기 어려울 것이다.

하지만, '인간이란 무엇인가?'라는 물음은 인간이라면 묻지 않을 수 없는 물음이다. 인간이 무엇인가라는 물음에 쉽게 대답할 수 없지만(어쩌면 일평생이 걸린다 하더라도), 인간이 무엇인가라고 물을 수밖에 없는 것이 인간이 처해 있는 상황인 것이다. 그래서 일단 중요한 것은 '인간이란 무엇인가?'라는 물음을 일으키고, 정리하는 것이다. 많은 인간이 '인간이란 무엇인가?'라는 물음을 망각하고, 인간됨의 의미를 잊어버리기에 특히 그렇다. 일단 '인간이란 무엇인가?'라는 물음이 우리 마음속에 생기기만 해도 이 장의 이야기는 의미있는 것이라고 할 수 있을 것이다.

## 1 인간이란 무엇인가?

'인간이란 무엇인가?'라는 물음은 가장 중요한 물음, 가장 근본적인 물음이다. 독일의 철학자 임마누엘 칸트(Immanuel Kant)는 『순수이성비판』에서 자신의 철학적 물음을 다음과 같이 설명한다.[2]

> 나의 이성의 모든 관심(즉 사변적 관심과 실천적 관심)은 다음의 세 물음으로 통합된다.
>
> 나는 무엇을 알 수 있는가?
> 나는 무엇을 해야 하는가?
> 나는 무엇을 희망해도 좋은가?

그리고 나서 칸트는 『논리학』에서 이 세 물음에 대한 답을 통해 다음과 같은 마지막 물음의 답을 얻을 수 있다고 보았다.[3]

> 인간이란 무엇인가?

물음은 대답보다 중요하다. 칸트가 제기한 물음들은 인간이 물을 수 있는 가장 근본적이고 중요한 물음들에 속한다고 할 수 있을 것이다. '나는 무엇을 알 수 있는가?' '나는 무엇을 해야

하는가?' '나는 무엇을 희망해도 좋은가?'라는 물음은 '인간이란 무엇인가?'라는 물음으로 소급된다. 이 물음은 극히 중요한 물음이다.

### 인간이란 무엇인가? 인간을 어떻게 정의할까?

'인간은 동물인가?'이렇게 물어보면, 대부분 쉽게 '네'라고 대답한다. 그런데 그렇게 대답하고 나면 약간 찜찜하다. 어떤 인간은 심지어 이렇게 물어보면 깜짝 놀란다. '난 인간인데 나를 동물이라고 하다니!' 인간은 동물과 공통되는 부분도 있고, 동물과 다른 부분도 있다. 그렇게 동물과 다른 부분에 대해서 'homo ~'라는 일종의 학명이 붙는다. 이는 그리스 시대 이래로 무언가를 정의하는 방법 중 하나인 '유와 종차'에 의한 정의법에서 비롯된 것들이다.

동물과 인간의 차이점이 무엇인가? 이성을 가진 것이라는 대답이 많이 제기될 것이다. 그것을 호모 사피엔스(homo sapiens)라고 한다. 직립보행을 차이점으로 거론하는 인간도 있다. 그것을 호모 에렉투스(homo erectus)라고 한다. 도구를 사용하는 인간을 호모 파베르(homo faber), 유희하는 인간을 호모 루덴스(homo ludens),[4] 말을 할 줄 아는 인간을 호모 로퀜스(homo loquence)라고 한다. 종교를 가진 인간을 호모 렐리기오수스(homo religiosus)라고 한다. 이외에도 '호모~'라는 말은 끊임없이 만들어질 수 있다. 최근에 공감하는 인간을 뜻하는 호모 엠파티쿠스(homo emphaticus),[5] 신적인 인간을 의미하는 호모(homo deus)[6]라는 말까지 생겨났다.

하지만 이러한 구분이 진정한 구분인지에 대해서 의문이 생기기도 한다. 호모 사피엔스와 관련해서 생각해 보더라도 개와 고양이등의 동물들이 지능을 가지고 있다는 사실은 이미 널리 알려져 있다. 그리고 유전적인 문제나 사고 때문에 동물보다 낮은 지능을 가지게 된다면 우리는 그를 '인간'이라고 부르지 않을 것인가? 그가 동물보다 낮은 지능을 가지고 있다고 해도 그가 인간임에는 틀림없다. 지능만 가지고 판단한다면, 태아보다 돼지의 지능이 높기 때문에 낙태는 허용해도 된다는 입장을 견지하지만 육식은 반대하는 어느 현대 윤리학자의 주장이 성립되어 버릴 것이다. 그 윤리학자의 주장은 많은 논란을 낳았다.

인공지능의 계산을 생각이라고 부를 수 있다면, 인공지능도 인간인가? 그리고 직립보행을 하는 영장류가 있으며, 영장류도 학습을 시키면 수십 가지 단어를 사용할 수 있다고 한다. 동물도 심지어 일종의 사회를 가지고 있으며, 유사 종교적 행위를 한다. 그래서 주로 동물과 구분되는 점에 초점을 맞춘 라틴어 학명으로 고정된 용어가 진정으로 인간을 정확하게 나타낼 수 있는지 의문이다.

첨언하자면, 지금까지 인간의 본질을 묻는 물음에서 인간을 동물과 많이 비교했지만, 앞으로는 인공지능(AI)와 더 많이 비교할지도 모르겠다. 그러면 어떤 면에서는 지금까지는 인간이 동물과 비교해서 우위를 점하는 면모가 많았지만, 앞으로는 인공지능과 비교해서 열등한 측면이 인간의 정의에 활용될지도 모르겠다. 그리고 인간이 점점 더 사이보그화되어가고 있는데, 인간의 중추적인 부분이 사이보그화될 때 과연 그 존재를 인간이라고 부를 수

있을지도 판단이 어려운 시점에 도달할 수도 있다.[7] 기술의 발달은 인간의 본질을 대답해주기 보다는 더욱 더 큰 물음으로, 까마득한 심연으로 인간을 인도할지도 모른다.

### 과학은 인간을 어떻게 이해하는가?

유전공학의 발달로 DNA의 비밀이 많이 밝혀졌다. 앞으로 더욱 더 밝혀질 것이다. 이제는 고전이 된 리처드 도킨스(R. Dawkins)의 『이기적 유전자』를 보면, 과학적인 생명관과 인간관을 제시하고 있다. 『이기적 유전자』의 서두에서 도킨스는 다윈주의자로서의 자신의 관점을 분명히 한다.

지구의 생물체는 그들 중의 하나가 진실을 이해하기 전까지

30억년 동안 자기가 왜 존재하는가를 모르고 살았다. 진실을 이해한 그의 이름은 찰스 다윈이었다. 정확히 말하면 다른 인간들도 어느 정도 진실을 느끼고 있었지만 우리가 왜 존재하는지에 대해서 일관성있고 조리 있는 설명을 한 인간은 다윈이었다....저명한 동물학자 심프슨(G. G. Simpson)은 "내가 강조하고 싶은 것은 이 문제(인간이란 무엇인가?)에 답하고자 하는 1859년 이전의 모든 시도들은 가치 없는 것이며 오히려 그것들을 완전히 무시하는 편이 나을 것이라는 점이다.

도킨스는 다윈주의를 받아들이지만, 여러 학자들이 주장하는 바 진화에서 중요한 것은 개체의 이익이 아니라 종(또는 집단)의 이익이라는 주장에 반대하고 있다. 그가 제시하는 핵심적인 요지는 인간을 포함한 모든 동물은 유전자에 의해서 창조된 기계라는 것이다. 즉 도킨스는 생명의 주체가 유전자이고, 생물은 유전자의 '생존기계'(survival machine)라고 묘사하고 있다.[8] 도킨스에 따르면 이 유전자는 "성공한 시카고의 갱단"과 마찬가지로 "비정한 이기주의"를 그 특징으로 한다. 실로 가공할만한 사상이다. 생물의 일종인 인간은 유전자가 사용하는 옷과도 같은 존재이고, 인간의 탄생과 죽음, 사랑과 노화도 유전자의 생존을 위해서 사용된다는 주장을 하고 있다. 유전자가 최고로 발달시킨 것이 바로 뇌인데, 그만 뇌가 유전자를 발견하는 놀라운 일이 벌어졌다는 것이다. 이제는 유전자와 뇌의 싸움이 지구상에서 벌어지고 있다. 우리는 유전자의 '생존기계'라는 인간의 정의를 받아들일 수 있을 것인가?

보다 최근의 이론은 인간의 비밀을 '초협력성'에서 찾는다.[9] 동물도 협동과 협력을 하지만, 인간에게는 동물을 뛰어넘는 고도의 협력성이 있다는 것이고, 이를 초협력성이라고 부르는 것이다. 하지만 이러한 초협력성이 인간의 완전한 정의가 될 수 있을지는 의문이다. 물론, 초협력성이 인간의 중요한 특성이라는 점은 분명하다.

## 종교는 인간을 어떻게 이해하는가?

기독교의 경우를 살펴보면, 기독교는 인간을 신의 형상(imago dei)으로 간주한다. 형상이라는 말은 원래 신상을 가리켰다. 고대에는 일반인들이 왕을 볼 수 없었기 때문에 왕들은 동상을 세웠다. 기독교에서 인간은 지상에서 신을 대신하고 대표하는 존재이다. 이런 면에서 기독교는 인간을 매우 존귀한 존재로 보며 이는 서양에서 인간의 존엄성을 주장할 때 주요한 근거가 되었다.

그러나 동시에 기독교에서는 인간을 타락에 의해서 죄에 빠진 존재로 이해하기도 한다. 이를 해결하기 위해서 예수 그리스도가 세상에 왔으며, 그리스도는 기독교에서는 참된 인간의 전형이 된다. 기독교에서 예수 그리스도는 궁극적이고 포괄적인 하나님의 형상이며, 기독교는 인간 회복 프로그램으로 이해될 수 있다.

불교의 경우를 살펴보면 특히 원시 불교에서는 인간을 힘찬 의지적 존재, 괴로움에 제약된 존재, 스스로 구원해야 할 존재라고 본다. 불교에서는 인간을 6근설과 오행설로 나눈다. 불교에서는 인간이 안의비설신의 5가지 감각기관에 '의'라는 6번째 주체가 결합하여 구성되어 있다는 6근설을 가르치고 있으며, 여기에 하부조직으로서 색(色) · 수(受) · 상(想) · 행(行) · 식(識)의 5온설이

자리잡고 있는데 5온의 속성은 괴로움이다.

불교는 기독교와 달리 고통의 문제에서 출발하며 고통의 원인을 무지에서 발생한 것으로 본다. 그리고 구원에 있어서도 붓다는 길을 가리킬 뿐 자신을 등불로 삼고 깨달음을 얻으라고 가르치고 있다. 그래서 고익진은 원시불교의 인간을 "아무것에 예속되지 않는, 또는 예속시킬 수 없는 뚜렷한 주체성을 가진 존재"로 규정한다.[10]

## 2 인간, 인간됨, 인간다움

사실 '인간이 무엇인가?'라는 물음은 쉽게 대답할 수 없는 물음이다. 어떤 면에서는 일평생 간직해야 할 물음이다. 그 물음은 '인간임'(Mensch-sein, human-being)에 대한 물음이다. 그러나 또 다른 차원의 물음이 있다. 그것은 인간됨(Mensch-werden, human-becoming)의 물음이다. 인간은 인간이지만, 또한 동시에 인간으로 되어가는 존재이다. 인간의 특징 가운데 하나는 그가 도상에 있는 존재, 되어가는 존재라는 것이다. 인간이면서 인간되어 가는 존재, 이것이 인간의 특징이다.

주변에서 '인간이 좀 되어라' '인간이 아니다' '인간 안 된다'라는 말을 듣게 되고, 그 말이 성립되는 것을 보게 된다. 그런 말을 할 수 있는 것은 인간으로 태어나면 지능이나 외모, 그리고 능력에 관계없이 인간이지만, 동시에 인간은 그런 기본적인 인간의 차원을 넘어선 또 다른 차원을 가지고 있음을 뜻한다. 그것은 도덕이나 윤리의 영역이기도 하고, 그것을 넘어서는 그 어떤 영역이기도 하다. 이러한 인간됨의 문제와 관련해서 우리는 '인간답다'라는 말을 염두에 둘 수 있을 것이다. 인간답다는 것은 동물답다거나 기계답다는 것과는 다른 특성을 지니고 있다.

'인간이 안 된 인간'은 '인간답지 않은' 인간이다. 그리고 '그 인간 참 인간이 되었어'라고 할 때 그의 인간됨은 '인간다운' 인간됨이다. 우리는 인간답다는 말이 무엇인지 어느 정도 안다. 물론 문화에 따라서 인간됨은 차이가 나는 경우가 있다. 그러나 공통적인 부분도 많다. 그런 인간됨과 인간다움을 찾아가는 것이 이 책이 나아가고자 하는 바이다.

## 3 이것이 인간인가?!: 인간의 위대함과 전율스러움

인간은 참으로 위대하고 놀라운 존재이면서 또한 동시에 몹시도 전율스러운 존재이다. 그래서 어떤 경우에 우리는 '이것이 인간인가?!'라고 외치게 된다. 인간은 자연을 기반으로 하되 자연으로부터 구분되어 놀라운 것들을 만들어 낸다. 이를 자연과 문화의 구분이라고 한다. 인간은 문화와 역사를 가지고 있다. 고대 그리스에서는 πόλις라고 하는 도시와 국가가 있어, 그 안에서 신들, 신전들, 사제들, 축제, 시인들, 사상가들, 왕들, 정치회의와 육군과 전함들이 생산되었다. 이러한 문화와 역사를 바탕으로 인간은 과학 기술을 발전시켜 이제 우주로 진출하게 되었다. 인간이 만들어

낸 도시, 철학, 음악, 미술 등등을 보면 가히 놀라울 정도이다. 인간의 위대함을 느끼게 된다.

동시에 인간은 전율스러운 일도 행한다. 소포클레스는 비극 『안티고네』에서 합창단으로 하여금 이러한 노래를 부르게 했다.

> 섬뜩한 것이 많으나, 그러나 아무것도
>
> 자신을 드러내어 인간을 뛰어넘을만큼, 그렇게 섬뜩한 것은 없나니

섬뜩하다는 말에는 여러 가지 의미가 있는데, 그리스어 원어인 δεινόν은 "폭력적"이라는 의미도 가지고 있다. 그렇게 보면 인간만큼 폭력적인 존재가 없다는 뜻이다. 동시에 이 단어를 독일어로 옮기면 das Unheimlichste라고 옮겨질 수 있다.[11] 이 말은 가장 섬뜩하고 낯설다는 뜻이다. 인간이 저지르는 잔혹한 범죄를 볼 때

우리는 그러한 전율을 느낀다. 2차 세계대전 중 나치가 저지른 만행을 보면서 인간의 잔혹함의 극치를 목격한다.

## 4 인간됨의 길, 인간다움의 길을 찾아서

이 책은 인간에 대해서 묻고, 인간 · 인간됨 · 인간다움의 차이를 구분하며, 책을 통해 인간됨의 길을 걸어가자고 초청한다. 인간은 위대한 능력을 가지고 있으면서 동시에 이러한 전율할만한 섬뜩함을 가지고 있기에 인간이 올바른 생각과 행동을 하는 것은 중요하다. 이 책과 이 책이 다루는 책들에 관한 논의가 인간됨의 길을 걷고, 인간답게 되는 것에 기여하기를 희망한다.

# 01

# 사랑

## 1 사랑하고 사랑받고 싶은 인간

가을이다. 사랑을 노래하기에 딱 좋은 계절이다. 사랑을 한 폭의 그림이나 몇 구절의 글귀로 옮겨보기에 솔깃한 계절이다. 굳이 가을이 아니어도 흰 눈 내리는 겨울은 겨울대로, 벚꽃 화사한 봄은 봄 나름대로, 그리고 뜨거운 태양과 파도소리의 여운이 담긴 여름 모두 사랑을 표현하기에 굳이 부족할 것 없는 시절이다. 사랑은 사시사철 삶의 자리에 맴돌고 스며드는, 살아가는 이유 혹은 삶에 윤기를 채우면서 마음 가득이 숨결을 불어넣어주는 단어이다. 하지만 이게 다는 아니다. 사랑, 그 이름 때문에 회한과 눈물이 혹은 고함과 분노가 차오를지도 모른다. 아무튼 사랑은 늘 일상과 마음의 삶을 들락거리며 크고 작은 메시지를 남긴다.

마음에 새겨진 사랑이 넉넉하다면 어떤 삶을 살아낼 수 있을까? 반대로 일그러진 사랑으로 채워져 있다면 또 어떠할까? 사랑받은 만큼 사랑을 줄 수 있다는 말은 이제 완전히 상식 수준이라고 할 만큼 넓고 깊게 공유되고 있다. 사랑하는 마음으로 대인관계를 지탱해 갈 수 있는 사람을 두고 우리는 성격이 좋은 사람, 인간미가 풍성한 사람, 마음이 따뜻한 사람, 사람내음이 나는 사람, 인격이 훌륭한 사람, 인성이 좋은 사람이라고 할 것이다. 사랑은 인간이 사람답게 살아가는데, 사람다운 삶을 살아내는데 반드시 필요한 요소이고 또 그러한 삶을 만들어내는데 중요한 역할을 하는 자원임을 알 수 있다. 그렇다면 받을 수 있고 누릴 수 있었던 사랑이 충분치 못했거나 상당부분 부족했다면 어떠할까?

사랑이 삶에 미치는 영향 중 한 사람의 인격형성과 대인관계에 가져다 줄 수 있는 내용을 중심으로 범위를 좁혀서 두 방향으로 접근해보고자 한다. 먼저 양육자와의 이자관계가 삶의 축이 되는 영유아기 시절이고 다음으로는 부모와의 관계경험이 중심이 되는 시기이다. 이 일련의 기간이 지닌 중요성은 부모가 보여준 사랑의 정도 및 이를 기반으로 한 역할과 태도로 인해 좋든 싫든 성격의 구조화와 인격성 그리고 대인관계 특성의 형성에 지대한 영향을 받게 된다는 것에 있다. 과거 경험에 대한 기억을 의식적으로 떠올릴 수 없다고 해서 증발된 것이 아니다. 경험의 흔적이 내면에 자리를 잡고 이후 다양한 대인관계에 표출된다는 것이다. 필자는 영유아기와 관련해서 '첫 커플의 사랑이야기', 부모와의 관계경험에 대해서는 '부모의 흔적'이라고 제목을 붙여보면서, 지금부터 소개하는 두 서적을 통해 관련 내용을 더 구체적으로 살펴보고자 한다.

## 2 첫 커플의 사랑이야기: 『모신(母神)』[12]

‘첫 커플의 사랑이야기’라는 제목으로 만나보는 서적은 바로 『모신(母神)』(이하, 『모신』)이다. 여기서는 세상살이를 처음으로 시작한 유아와 양육자 간의 상호작용 그리고 그 영향에 대한 내용을 다루고 있다. 저자 임종렬은 이를 현대정신분석학인 대상관계이론으로 설명하고 있다. 정신분석 이론이 다루기 손쉽지 않지만 깊은 통찰력과 폭 넓은 임상경험을 바탕으로 쉽게 풀어서 친근감을 가질 수 있도록 설명해주고 있다. 『모신』의 내표지에서 저자를 다음과 같이 소개하고 있다.

> 이 책을 쓴 임종렬은 유학이라는 것이 거의 불가능했던 1960년대 초기에 미국에 유학하여 웨인주립대학교에서 학부 과정부터 수학하였다. 박사학위를 취득한 후 그는 미시간대학교와 모교인 웨인주립대학교에서 개인상담, 집단상담, 가족상담 이론을 강의하며 상담현장의 지도감독 교수를 역임했다...... 그는 “어머니가 편해야 세상이 편하다.”는 대상중심이론을 창안한 정신분석이론가이며......

더불어 『모신』 뒷면에 제시된 저자의 약력은 다음과 같다.

> 노우스웨스턴 미시간대학 졸업(A.A) / 웨인주립대학교 졸업(B.A) / 웨인주립대학교 사회사업대학원 졸업(MSW)/ 웨인주립대학교 박사원 졸업(Ph.D) / International Institute 수석임상사회사업

가 / 미시간대학교 사회사업대학원 현장실습교수 / 웨인주립대학교 사회사업대학원 교수 / 미시간주 교육국 이중언어교육 자문위원 / 미시간주 법률사정 위원회 자문위원 / 미시간주 공인임상사회사업가(CSW) / 미국법무성인정 이민담당 변호사 / 임종렬 가족치료상담소 운영(미국, 디트로이트)

그리고 "현 대구대학교 사회복지학과 교수", "현 한국가족치료연구소 소장"이라는 약력이 추가되어있는데 지금은 고인이 되시어 '현'이라는 단어 대신 '전'이라는 단어로 불가피하게 수정을 해서 소개해야할 것 같다. 한편 "NAVER 책" 검색을 통해 살펴본 그의 저서로는『모신』,『대상중심 경계선 가족치료』,『사랑의 갈등』,『인터뷰』,『대상중심 가족상담』,『관계적 사유』가 있다.

언제부터인가 사회 전반적으로 육아의 중요성에 대한 인식과 좋은 양육법에 대한 관심이 급격히 높아지면서 관련 정보들이 다양한 서적과 대중매체를 통해 쏟아져 나오고 있다. 이는 아이의 심리발달에 양육의 질적 특성이 지니는 중요성에 대한 대중적 인식이 증가되고 있음을 말해준다. 심리구조는 성격 및 인격 특성과 직접적 관련성을 지니고 있기 때문에 양육자의 역할에 대한 관심 급증은 자연스러운 현상일 것이다. 육아과정에서 부모 특히 엄마의 양육 태도와 방식이 지닌 중요성은 말할 것도 없다. 여기서 엄마는 아이의 양육에 관여하는 주 양육자로서의 엄마를 말하는 것이다. 엄마는 대략 10개월이라는 임신 기간 동안 아이와 함께 동고동락한다. 그리고 출생과 양육에 직접적으로 관여한다. 단순히 생존에 필요한 것을 공급하는 수준이 아닌 마음과 삶을 함께 나누고 경험하는 가운데 아이의 신체심리적 발달에 커다란 영향력을 미치는 존재라는 것이다.

앞서 언급한 대상관계이론은 아기가 엄마와 나눈 경험이 어떻게 심리구조의 근간을 마련하는지를 다루고 있는 이론이다. 임종렬은 대상관계이론을 바탕으로 『모신』이라는 서적을 통해 한 사람의 성격형성과 삶에 미치는 엄마의 막강한 영향력을 잘 설명해 주고 있다. “NAVER 책”(2018. 11. 20. 검색)에서는 “예스24”에서 제공한 내용을 통해 다음과 같이 『모신』을 소개하고 있다.

> 이 책은 올바르게 아이를 양육할 수 있는 방법을 담은 어머니를 위한 양육 지침서이다. 한 사람의 운명을 관리하는 어머니를 ‘모신母神’으로 표현하여 아이와의 친밀한 관계를 유지하고, 무한 사랑을 표현할 수 있는 다양한 방법을 제시하고 있다. 상담전문가인 저자의 오랜 경험과 연구결과를 통해 얻은 구체적인 사례를 제시하고 있어 공감대를 형성한다. 아이를 양육할 때 일어날 수 있는 다양한 상황에 어머니들이 사랑으로 올바르게 대처할 수 있도록 도와줄 것이다.

본 서적의 표지 앞장에는 다음과 같은 문구를 기재해 두고 있다.

> 아이가 태어날 때, 그리고 아이를 양육할 때 어머니가 보여주는 능력은 가히 신적(神的)이다. 전지전능한 섭리적(攝理的) 당위성(當爲性)을 가지고 아이의 운명을 길러 주는 어머니. 그 어머니가 바로 우리들의 신, 모신(母神)이다.

상기의 내용들을 종합하는 과정에서 영유아기 양육과정이 한 인간의 운명의 성패를 좌우할만한 힘을 지니고 있다는 것을 어렵지 않게 발견할 수 있다. "책머리에"서 아이는 신적 역할을 담당하는 어머니와 함께 살고 이후 어머니가 돌아가시더라도 자녀의 마음에 "표상(이미지)"으로 함께 살아간다며(7) 어머니 곧 주 양육자의 영향력을 강조하고 있다.

『모신』은 책 제목 그대로 어머니가 신에 비유되고 있다. 그만큼 막강한 어머니의 영향력을 설명하고자 크게 9개의 영역으로 이루어져 있다. 즉, "모신(母神)", "형이상학적 일기 예보", "신들의 공유영역", "어머니의 거울", "환상의 공유영역", "정신과 질병", "자율성의 허용과 능력의 울타리", "바람벽에 숨겨진 천재의 여한", "인간관계와 성공의 변수"이다. 그리고 각 각 하위영역을 포함하고 있다. 300페이지가 살짝 넘어가는 분량을 상세히 옮겨놓는 것은 본 지면의 제한된 분량 활용을 위해서나 무엇보다 독자를 위해서도 불필요한 처사일 것이다. 여기서는 중요하다고 파악되는 내용을 중심으로 서적에서 다루고자 하는 주요 입장을 만나보고자 한다.

『모신』의 주요 내용은 다음과 같다.[13]

유아는 "어머니가 만들어 준 어머니의 세상에서 자기의 세상을 가꾸며 살아가야한다."(17) 스스로 무언가를 택할 수 있는 선택권이 없다. 유아는 어머니를 통해 정신과 물질이라는 두 요소를 공급받는데 핵심은 어머니의 좋은 마음이다. 그래서 무엇보다도 어머니의 마음상태가 가장 중요한 요소가 된다. 즉, "아이는 어머니의 마음으로 기른다. 그래서 어머니의 마음은 따뜻해야 하고 부드러워야"(22) 된다. 왜냐하면 "어머니의 행복은 아이의 행복이 되고 아이의 행복이 어머니의 행복"(18) 이 되기 때문이다. 어머니의 마음이 아이에게 전해지고 아이는 그를 통해 성장하며 다시 자신의 삶을 통해 그 결과를 어머니에게 되돌려 준다는 것이다.

> 어머니의 양육방법과 태도가 아이를 행복하게 했다면 아이는 행복할 것이다. 행복하게 자란 아이는 불행을 모르는 아이다. 불행을 모르는 아이는 불행하고자 하지 않는다. 뿐만 아니라 행복한 생활이 만들어 낸 에너지로 어떠한 불행도 참고 이겨내는 위대한 힘을 갖는다.(18)

어머니가 아이의 마음에 자리 잡으며 남긴 영향력은 그 물리적 존재 유무와 관계없이 지속적으로 아이의 마음에 작용한다. 태어나서 3년 간 경험한 내용들은 마음의 방식대로 이미지 처리되어 무의식에 "내면화"(47)되고 "그 사람의 느낌"(41)을 만들어낸다. "아이에게 어떠한 느낌을 가지도록 했느냐에 따라 아이의 자기 이미지와 어머니 이미지가 결정되어 아이의 정신 내부에 가라앉게 된다."(48) 이렇게 마음에 깊고 견고하게 안착된 이미지들은 앞으로의 삶에서 그 이미지가 간직하고 있는 그 때 그 시절의 삶의 내용을 지금 여기에서 "재현하려고 하는 강한 무의식적 욕구"(49)를 지니게 된다. 안타깝게도 정신 내면에 안착된 이 느낌은 잘 바뀌지 않는다. 그리고 자신만의 고유한 방식대로 작동하면서 그 사람의 삶에 매우 중요한 영향을 미친다. 왜냐하면 "정신은 한번 잘못 길러지면 다시는 고칠 수 없는 속성"(93)이 있기 때문이다.

내면화된 36개월의 경험은 "평생을 살아가면서 두고두고 사용하게 될 운명의 재산"(46)으로 작용하기에 아이의 마음에 좋은 이미지가 축적되기 위해서는 좋은 양육이 동반되어야 한다. 좋은 부모가 될 수 있는 방법은 아이의 이야기를 귀담아 끝까지 경청하고 아이의 잘못에 대해 강압적으로 교정하기보다 스스로의 가책을 통해 자연스럽게 고쳐질 수 있도록 이끄는 것이다. 가장 주의할 것은 매질을 하는 것이다. 어떠한 경우에도 매질이 허용되어서는 안 된다. 나아가 냉소적인 태도는 매질을 능가하는 학대임을 기억해야 할 것이다. 좋은 양육을 위해서는 이를 위한 교육이 필요하다.

아이들이 왜 태어날까? 바로 자신의 "인생을 살기 위해"(103) 태어난 것이다. 아이가 자신의 삶을 살아갈 수 있도록 해야지 어머니의 삶을 위해 존재해서는 안 된다. 따라서 어머니의 가장 중요한 역할은 아이가 자신의 "인생을 살도록 도와주는 것"(106)이다. 왜냐하면 "아이들은 아이들의 인생을 살기 위해 태어났고 사는 방법을 가지고 태어났고 살아갈 수 있는 능력을 가지고 태어"(105)났기 때문이다. 아이는 자신이 필요로 하는 것을 필요한 만큼만 적절한 시간 안에 공급받을 수 있어야 한다. 그렇지 않고 간섭과 야단 그리고 충고가 우선시되고 비중 있게 다루어진다면 아이는 마음에 상처를 입을 것이다. 아이러니하게도 아이들은 어머니의 잘못을 따지기보다는 자신이 무언가를 잘못해서, 자신이 나빠서 일이 이렇게 된 것이라고 자신에게 탓을 돌리게 된다.

아이들이 자라는데 가장 중요한 환경은 "어머니의 마음"(95)이라는 환경이다. 어머니의 마음 밭이 어떠했느냐는 곧 아이가 어머니와 맺은 관계의 특성을 말한다. 이 특성은 현재 "내가 맺고 있는 나와의 관계 그리고 내가 맺고 있는 다른 사람들과의 관계”(95-96)에 고스란히 드러난다. 아이를 사랑하고 믿으며, 이해하고 수용하는 어머니가 좋은 환경을 제공할 수 있는 것은 두말할 필요가 없을 것이다. 그만큼 “아이는 사랑을 받고 간섭이 없는 환경”(117)에서 자랄 수 있어야 한다. “어머니가 표현하는 사랑을 보고 아이가 행복해 한다면 그것이 바로 사랑이다.”(168)

인간에게 태어나면서부터 부여되는 유일한 요소는 “자율성”(151)이다. “자율성 속에는 인지 능력과 기억 능력”(182)이라는 두 능력이 포함되어 있는데 인지 능력이라는 것은 “정신 내부에서 일어나는 긴장과 정신 밖에서 밀려오는 자극을 받아들이고 그것을 느낄 수 있는 것”(183)으로서 “아이가 느끼는 것이나 생각하는 것의 내용이 어떠한 것인가를 알아내는 것”(183)을 말한다. 이 능력의 긍정적 발달은 “어머니의 양육태도에 의해 결정된다.”(184) 그렇기 때문에 아이의 자아기능을 담당하는 어머니의 역할이 매우 중요하다. 자아(ego)는 “현실과의 거래를 결정하고 실행에 옮기는 굉장히 중요한 심리기제이다.”(122) 어머니가 아이의 자아기능을 대신한다는 것은 현실 적응력이 미약하고 원하는 일과 해야 하는 일을 스스로 행하기에는 미숙한 아이의 수족이 되어 준다는 것이다. 대리적 역할은 아이의 발달에 따라 점점 강도와 횟수가 줄어들어야 한다. 그만큼 아이의 자율성을 인정하는 것이 중요하다는 것이다.

성격이나 대인관계 태도와 특성 모두 아이가 자라가면서 어머니와의 경험 안에서 “활성화되는 자율성이라는 심리기제의 기능에 의해서 하나씩 둘씩 쌓여진 경험을 통해”(152) 형성된 것이다. 조금 더 구체적으로 살펴본다면 백일이 되면 아이는 어머니를 인식하고 자신과 구별 가능한 “정신적인 능력”(153)이 생겨나는데 그래서 "정신적으로 태어나는 날"(152-153)이기도 하다. 이후 대략 4개월부터 시작하여 18개월까지 걸쳐있는 "공생기"(158)를, 이 시기 다음 36개월까지의 "격리개별화"(159)시기를 거치게 된다. 전자의 상황에서는 양육자와의 "심리적 밀착"(175) 과 그 속에서의 사랑 경험이 중요하다. 후자의 상황은 아이가 본격적으로 독립을 시도하는 시기이다. "격리개별화" 이후 60개월까지 자신과 성이 다른 부모를 사랑하고 연인처럼 여기는 "에디퍼스 갈등기"(159)를 맞이하게 된다. 60개월이라는 시간 중 36개월 동안 좋은 성장을 이루었다면 대부분 긍정적이고 만족스러운 삶과 좋은 대인관계를 펼쳐낼 수 있다.

"사람은 몸으로 살지 않고 마음으로 사는 존재"(145)이다. 그래서 어머니가 아이를 사랑해주고 믿어주는 것이 중요하며 그러할 때 아이는 스스로의 자율성을 마음껏 발휘하면서 정신적 성장이 잘 이루어지게 된다. 자율성과 창의력의 활용정도도 하나의 결과일 것이다. 좋은 성장을 위해서는 자녀들을 신뢰하고 지지하는 것이 무엇보다 중요하다. 어린 아이 시절에는 호기심이 상당하다. 그래서 실수도 잦다. "아이를 좋아하는 어머니는...... 아이의 활동 자체를 좋아하는 어머니이다."(143) 아이가 자신이 좋아하는 무언가를 즐겁게 하고 있을 때 그 모습과 느낌을 어머니는 방해하지 말고 아이의 행동 그 자체를 곁에 있어주는 것만으로도 충분하다. 아이를 향한 어머니의 넉넉한 마음은 아이의 능력개발에 좋은 영향을 가져다준다.

성격이 한 사람의 삶과 그 사람과 관련된 다른 사람들의 삶에 미치는 영향은 매우 크다. 왜냐하면 "성격은 삶의 방향을 제시하고 인간관계를 선택하게 하고 선택한 그 사람의 인간실현을 돕는 핵(核)"(297)이 되기 때문이다. 성격에 따라 다양한 대인관계의 특성이 만들어지고 그것이 그 사람의 인생을 좌우한다. 그러므로 "성격이 바로 운명이다. 성격에 얽힌 인간관계가 운명을 만들어 내기 때문이다."(297) 사람의 마음은 대인관계를 어떻게 전개하고 장식할지를 결정하는 "인간관계의 자본"(307)과도 같은 것이다. 어머니는 아이의 마음이라는 관계적 자본을 만드는데 그리고 정신세계를 형성하고 발달하는 과정에 가히 신과 같은 영향력을 지닌 존재이다.

지금까지 『모신』을 통해 영유아기 주 양육자인 어머니와의 관계경험이 그 아이에게 미치는 곧 한 인간에게 가져다주는 영향력이 얼마나 막강한지를 살펴보았다. 그 영향력의 핵심에는 바로 아이를 향한 어머니의 사랑이 자리매김하고 있다. 세상의 삶을 처음 시작하는  아기는 어머니와 첫 커플이 된다. 그 커플의 사랑이야기는 아이의 성격과 인격 그리고 대인관계 특성의 형성, 나아가 이후 아이의 삶에 큰 영향을 미치게 된다.

## 3 부모의 흔적: 『몸에 밴 어린 시절』

두 번째로 소개하는 서적인 『몸에 밴 어린 시절』[14]은 어린 시절 아이를 대했던 부모의 태도와 역할,  그리고 그에 반응했던 아이 곧 자신의 태도가 지금의 삶에 미치는 영향을 다루고 있다. 더불어 이해를 돕고자 이와 관련된 다양한 사례를 제시하고 있다.

나아가 그 특성의 수정과 변형을 위한 매우 뚜렷한 지침을 제시하고 있다. 저자 미실다인은 아동 전문 정신과 의사이다. 그 때문에 수많은 아동들과 어른들을 만나면서 그들이 직면하고 있는 다양한 삶의 문제들을 접하는 가운데 자신을 찾아온 사람들에게서 한 가지 공통점을 발견하게 된다. 바로 어린 시절 부모와의 관계경험을 바탕으로 형성된 그때-거기의 자기 자신의 특성이 현재에도 여전히 영향력을 발휘하고 있다는 것이다. 이에 관한 내용들은 크게 3부로 나누어 다루어지고 있는데 1부에서는 "내재과거아에 대한 이해와 수용"을, 2부에서는 "부모의 지나친 태도들"에 대해, 3부에서는 "당신 자신과 당신의 인생을 바꾸는 일"에 대해 말하고 있다.

1부에서 "내재과거아" 에 대한 충분한 설명과 함께 부모의 태도들 즉, "완벽주의", "강압", "유약", "방임", "심기증", "응징", "방치", "거부", "성적 자극"에 대한 핵심을 제시하고 있으며 이를 2부에서 적합한 실제 사례를 통해 상세하게 다루고 있다. 3부에서는 스스로에 대한 변혁을 꿈꾸고 이의 실현을 위한 현실방안을 선명하게 그려내고 있는데 1부 제9장에서의 내용을 더 세부적으로 확장해서 구체적 설명을 가미함으로써 누구나 도전과 실천 의지를 강화할 수 있는 발판을 마련해주고 있다. 이제 『몸에 밴 어린 시절』의 주요 내용을 중심으로 서적을 만나보자.

『몸에 밴 어린 시절』의 주요 내용은 다음과 같다.[15]

『몸에 밴 어린 시절』은 어린 시절 부모의 태도와 그에 대한 스스로의 반응이 내재과거아로 내면에 자리 잡게 되고 이 후의 삶 전반에 지속적으로 영향을 주고 있다는 내용을 바탕으로 전개되고 있다. 어린 시절 부모와의 관계에서 비롯된 태도와 감정이 현재의 부모와의 관계뿐만 아니라 친구관계나 이성 관계 등 다양한 관계에 영향을 미치고 있다는 것이다. 저자는 이 부분을 다음과 같이 말한다.(14-15)

> 어른에게서 그 사람이 한 때 거쳐온 어린 시절에 일어났던 문제가 거듭해서 일어나고 있다는 사실을 발견하였다. 그리고 그러한 감정들의 뿌리를 찾는 과정에서, 그것이 어린이에게서 볼 수 있는 문제 유발성 태도들에서 기인한 것임을 자주 목격하곤 하였다. 이 문제 유발성 태도란 그 어린이가 부모를 비롯하여 그의 삶에서 매우 소중한 사람들의 터무니없거나 정도가 지나친 태도와 요구에 부응하는 나름의 방식이었다...... 당신의 내재과거아는 어른의 세계에서도 그대로 남아 지속된다.

내재과거아의 지위와 힘이 현재 나 자신의 삶 곳곳에 정서적 어려움을 유발하며 커다란 영향을 미치고 있다는 사실을 객관화해서 뚜렷하게 본다는 것이 쉬운 작업은 아니다. 그러나 이를 제대로 파악하지 못한다면 계속해서 현재의 나 자신이 원하고 바라는 만큼의 삶을 얻어내고 성취하기란 쉽지 않을 것이다. 이에 대한 보다 선명하고 구체적인 이해를 위해 저자가 제시하고 있는 주요 개념은 다음과 같다.(18-19)

> 1. 내재과거아: 말 그대로 어른이 된 지금도 당신의 삶 안에 그대로 남아서 지속되고 있는, 당신이 과거에 거쳐 온 어린의 모습.
> 2. 자신에 대한 부모 구실: 당신은 이미 자신의 내재과거아에게 부모로서 행위하고 있는데, 이러한 태도에 대한 내재과거아의 반응

이 때로는 당신이 부딪히는 문제의 원인이 되기도 한다. 3. 상호 존중: 당신이 자신의 내재과거아나 다른 사람들과 더불어 지내는 데에 필요한 기본적인 태도이다.

내재과거아는 자신조차 이해하기 어려운 감정의 소용돌이 속으로 종종 우리를 이끌고 갈 때가 많다. 그러나 이 감정을 거부하는 것은 내재과거아를 발견하고 만나고 다루는 과정에서 별다른 도움이 되지 않는다. 왜냐하면 내재과거아라는 것은 결국 "어린 시절에 길러진 감정과 태도"(24)이기 때문이다. 과거 부모와의 경험을 통해 점진적으로 배양된 감정과 태도라는 것은 어린 시절에 자신에 대한 인식의 주된 통로는 바로 나에 대한 부모의 반응 특성에 있음을 어렵지 않게 짐작할 수 있다. 결과적으로 그 반응은 어느새 나 자신의 것이 되고 훗날 "당신의 부모가 어린 시절의 당신을 대하던 감정과 태도를 이용"(27)하며 살아가게 된다.

어린이는 성인에 비해 부모에 대한 의존도가 훨씬 크다. 그리고 그 만큼 요구도 많다. 부모의 반응은 요구에 대한 반응이기도 하다. 따라서 "자신의 요구에 대해서 보여 주는 부모의 사랑과 인정(認定)과 관심에 비추어서 자신을 이해하거나 의식"하게 된다.(49) 그 과정에서 발생하는 감정과 태도는 스스로를 판단하고 삶의 다양한 관계와 과제 앞에서 긍정적 혹은 부정적 태도를 지니게 하는 주된 동력으로 작용한다. 그렇기 때문에 손쉽게 파악할 수 있고 수정 가능할 것 같지만 의도적인 노력을 통해서 주의 깊게 관찰하지 않는다면 쉽사리 발견하거나 인지할 수 없는 모습이기도 하다. 그만큼 어렵지 않게 변형할 수 있는 것도 아니다.

식별할 수 없기에 혹은 너무나도 익숙해졌기에 내재과거아와 더불어 살아가는 우리는 과거 부모가 자신에게 행했던 체벌이나 비난 혹은 마음을 아프게 했던 말이나 행동 그리고 분위기 등을 아직도 고스란히 스스로에게 적용하며 살아가고 있고 대인관계에서 이러저러한 아픔과 손상이 발생하는 가운데 때로는 자신에 대한 혹평을 감수하고 있는지도 모른다. 이는 어린 시절에 발생하여 알게 모르게 익숙해진 정서와 태도는 나 자신을 구성하는 필수요소로 자리매김을 했다는 이야기가 된다. 도대체 어떠한 경로를 통해서 어떠한 형태로 우리는 부모의 태도를 닮아가고 자기화하는 것일까? 저자는 다음과 같이 설명하고 있다.(53)

> 어린이는 자기 부모에게서 온정과 사랑을 받고 부모의 눈길을 끌기 위해서 부모가 자기와 세상 일반을 대하는 방식뿐만 아니라 심지어는 부모의 몸짓과 찌푸린 표정까지도 그대로 받아들이고 모방하려 한다. 물론 이와 같은 태도들 중에서 가장 중요한 것은 부모가 자기 자녀에 대해서 어떻게 느끼느냐 하는 점이다. 그리고 부모의 이러한 태도에 따라서 어린이가 자신을 어떻게 생각하느냐 하는 것도 결정된다...... 부모의 태도를 사실상 자신의 태도인 양 여기는 착각이 깊어진다...... 그런 태도를 올바르다고 여긴다...... 음식, 가정생활, 종교, 교육, 성(性), 금전 등을 대하던 문화적인 태도뿐만 아니라, 특별히 자기를 대하던 태도까지도 그대로 답습한다...... 우리 안에 그대로 재현하려는 지속적인 경향이 있다.

부모의 태도를 닮아가고 자기화하는 과정에서 대부분의 것을 '그대로' 수용하고 모방하게 된다는 중요한 특징을 발견할 수 있다. 그리고 그 범위가 매우 광범위하고 종류 또한 다양하다는 것에 놀라움을 금치 않을 수 없다. 우리가 반드시 기억해야 할 것은 그렇게 자기화된 부모의 태도가 '올바르다'고 점점 확신을 하게 된다는 것이다. 이정도 수준이면 가히 어느 누가 손쉽게 수정할 수 있다고 자신 있게 말할 수 있을까싶다. 자기 자신에게 고착되는 강도도 강도이지만 변화를 거부하는 것은 바로 내재과거아라는 것이다. 그만큼 어린 시절에 반복되어 익숙한 것에서 안정감과 편안함을 느끼기 때문이다. 안정적이고 거기다 편안함까지 곁들인 상태를 쉽게 떠날 수 없다는 것은 내재과거아가 실제적으로 가져다주는 부정적 영향에도 불구하고 결코 쉬운 일이 아님을 알려준다.

어린 시절의 강한 흔적으로서 내재과거아의 형성과 동시에 스스로에게 부모구실을 하는 특성 또한 어린 시절의 유물이기도 하다. 그러니까 부모의 태도를 내가 닮아가고 어느새 자기 자신이 스스로에게 부모역할을 하게 된다는 것이다. 과거에 우리 스스로가 그 태도에 의해 아픔을 경험하고 힘겨워했음에도 불구하고 자동적으로 답습의 길에 들어선다는 것이다. 즉, "과거에 우리 부모들이 하던 것과 똑같은 방식으로 자신을 격려하거나 또는 처벌하려는 경향"을 지니게 되며 나아가 그렇게 스스로를 대할 때 "확실한 안도감을 느낄 수" 있게 된다는 것이다.(69) 내재과거아와 그에 대한 부모 노릇까지 겸한다는 것은 더 나은 삶을 위한 행로에 돌이킬 수 없는 형태일지도 모른다는 염려를 가져올지도 모른다. 그러나 저자는 어두운 밤 항해 길에 환한 등대 빛과 같은 해결책을 다음과 같이 제시하고 있다.(73-75)

상호존중은...... 내재과거아의 감정들을 존중함으로써 당신 자신에 대해 훌륭한 부모 노릇을 함을 의미한다. 이 말은 또한 당신이 당신의 내재과거아로 하여금 어른으로서 당신의 삶과 다른 인간들의 권리를 침해하지 못하게 하는 한계들을 받아들이도록 요청함을 의미한다...... 내재과거아의 감정들이...... 표현되는 것에 단호히 제재를 가해야 한다...... 제재를 가할 때 맛보는 고통은 해로운 것이 아니며...... 내재과거아가 새로운 정서적인 분위기-더욱 존중받고 더욱 제약당하지만 마침내는 더욱 만족하게 되는 분위기-에 익숙해질 때까지 당신은 어느 정도 불안감을 감수해야 한다.

우리 자신의 내면과 삶 깊숙이 들어와 있는 내재과거아 그리고 그와 관련된 부모 역할의 긍정적 변화를 위해서는 무엇보다도 우리의 요구와 우리에게 반응했던 부모의 다양한 모습 중 특정 부분에 대한 지나친 태도를 포착하는 일이 중요하다. 이와 관련되어 저자가 제시한 몇 몇 요소들을 다음과 같이 간략하게 정리해본다.(107-111과 2부 참조)

| | 어린 시절 부모의 태도 | 드러나는 특징 |
|---|---|---|
| **완벽주의** | 일반적인 행동보다 더 성숙한 행동을 요구하며 더 잘해야 한다며 압박을 가하는 부모 | 성공에 만족하지 않고, 자신의 업적을 과소평가하며, 더 완전한 목표를 향해 끝임 없이 노력하며 인정을 향해 안간힘을 씀 |
| **강압** | 강압적으로 지시하고 명령하며 자녀의 개인 관심사를 무시하는 부모 | 할일을 곧바로 시작하지 않고 빈둥거리거나 늑장을 부림, 공상, 망각, 그 외 다른 형태의 반항을 보임 |

| | 어린 시절 부모의 태도 | 드러나는 특징 |
|---|---|---|
| **유약** | 자신의 권리를 희생하고 무시하면서 자녀의 미성숙한 요구와 변덕스러움을 모두 수용하고 들어주는 부모 | 끝없는 요구를 하거나 요구가 충족되지 않는 경우 화를 표출, 충동적 행동, 별다른 가치 없는 일과 활동에 대한 지속적 노력 |
| **방임** | 자녀의 요청이 없음에도 불구하고 선물, 옷 등 다양한 것들을 준비하고 선사하는 부모, 응석을 무조건 수용하는 부모 | 끈기가 부족하며 하고 있는 일에 관심을 가지면서 노력을 동원하는데 어려움을 느끼며 불만을 가짐, 뚜렷한 목표의식 없이 다른 사람의 도움에만 의존하려 함 |
| **심기증** | 작은 신체적 증상에 대해서도 과민반응 하며 두려움과 불안한 태도로 대하는 부모 | 신체증상에 대한 과도한 걱정, 쉽게 피곤하고 무기력함 |
| **응징** | 자녀의 잘못보다 자녀에 대한 부모 자신의 공격성과 적개심을 드러내는 부모, 부당하며 과한 처벌을 하는 부모 | 스스로 자신을 처벌하거나 처벌받고 있다는 생각, 여유와 즐거움을 누리기 어려움, 보복 감정 |
| **방치** | 다양한 이유로 자녀를 위한 일에 시간을 거의 투자할 수 없는 부모 | 의미 있고 친밀한 관계 형성의 어려움, 비현실적인 이상화, 양심의 결여와 타인을 이용하고 착취하려는 성향 |
| **거부** | 자녀를 짐으로 여기고 문제의 토대라고 생각하며 자녀를 수용하지 않는 부모 | 강한 소외감, 무력감, 불만, 신랄한 자기비하, 타인의 태도에 대한 곡해와 적개심 |
| **성적 자극** | 성에 대해 엄격하거나 그릇된 태도 | 성과 관련된 역할에 대한 오해와 그릇된 판단(다른 태도들에 의해 발생하기도 한다) |

상기에 제시된 각 요소는 대부분의 성장과정에서 종종 발생할 수 있는 것이지만 특정 태도가 자녀와의 상호작용 가운데 지나치게 강조되고 드러나는데 그 문제가 있다는 것이다. 그렇다면 모든 탓을 부모에게 돌려야만 하는 것인가? 저자는 이 질문에 대해 그

렇지 않다고 단호하게 말을 한다. 왜냐하면 "부모는 거의 예외 없이 그리고 흔히는 가혹하기 짝이 없는 제약들에도 불구하고 '자신이 할 수 있는 최선을 다한' 사람들"(111) 이기 때문이다. 한편 부모 탓으로 돌리는 것이 우리 자신에게 불필요하고 쓸모없는 생각과 행동일 수 있는 것은 어린 시절에는 "위험이 커서 표현할 수 없었던 적개심과 공격 성향을 지속시키는 방편"에 불과하다는 것이다.(112) 그러므로 우리가 취할 수 있는 가장 현명한 선택은 내재과거아로부터의 해방일 것이다. 그 해방의 길은 스스로에게 새로운 부모 역할을 하는 것과도 관련된다.

우리 스스로가 직접 실행해야하는 작업 가운데 가장 중요한 것은 자신의 내재과거아의 특성을 충분히 이해하는 것이고 또한 자신의 내재과거아에 대해 "친절하면서도 단호한 태도로 새롭게 받아들이고 다루어나가"(437)는 것이다. 이 일련의 과정을 정리해 보자. 먼저 내재과거아가 지닌 감정을 확인하는 것이다. 확인된 감정을 지금의 나 자신의 감정과 분리해서 바라보되 내재과거아의 감정에 대해 이제는 그 감정을 존중하고 친절한 부모의 태도로 접근해야 한다. 다음으로 부모 각 각의 지나친 태도와 그에 대한 나 자신의 반응은 어떠했으며 그러한 부모의 태도는 어떠한 태도와 연관되어 있는지를 구분해나가야 한다. 다음으로 내 자신이 동일시하면서 스스로에 대해 부모 역할을 하도록 허용하고 있는 부모의 태도는 나의 것이 아니라 과거에 빌린 것이라는 점을 명확하게 인식하고 새로운 태도를 계발하는 것이다. 내가 사용하고 있는 부모의 태도를 변화시키기 위해서는 그 태도가 나의 내재과거아에게 어떠한 감정을 야기시키는지를 정확하게 파악하고 이 감정을 존중해야한다. 한편 이 감정이 더 이상 나 자신과 현실을 지배하지 않도록 신중하게 제재할 수 있어야 한다는 것이다. 물론 동일시되어 특정 역할을 하도록 이끄는 부모의 태도 역시 그러할 것이다.

저자는 지금 당장 실행할 수 있는 행동들을 다음과 같이 제시하고 있다.(447)

| 당신이 어려서<br>이런 태도에 시달렸다면 | 지금 당신이 할 수 있는 행동 |
|---|---|
| 완벽주의<br>강　　압 | 자신에게 부과하는 압박감이나 요구 사항들을 제거할 것. |
| 응　　징<br>완벽주의<br>거　　부 | 당신이 자신을 대하는 방식과 자기비판에 한계를 설정하는 방식에 친절과 존경과 온순함을 강조할 것. |
| 방　　임 | 일을 성취하도록 자신에게 요구하고, 다른 사람에게 의지하려는 의타심을 제한할 것. |
| 유　　약 | 자신의 충동적 행위에 단호하게 한계를 설정하고, 다른 사람들의 감정과 권리를 존중하지 않으려는 자신의 경향을 극복하도록 노력할 것. |
| 방　　치<br>거　　부<br>심 기 증 | 의식적으로 자신에게 작은 친절을 베풀고 가능하면 자신을 너그럽게 대하며 자기비판을 줄여나갈 것, 당신의 아픔과 고통에 굴복하지 말 것. |

지금까지 『몸에 밴 어린시절』의 주요 내용을 통해 부모의 태도 및 그와 관련되는 내재과거아의 특성 및 영향력을 만나보았다. 상기에 제시된 부모의 태도들 중 어떤 것은 양육과 훈육과정 가운데 특정 상황에서 부모들이 취할 수 있는 가능성이기도 하다. 필자가 제시하는 초점은 그 태도를 뒷받침하는 정서의 강도와 관련된 것이다. 따라서 각 각의 태도에 내재된 사랑 혹은 미움, 자기애

적 요소의 수준을 충분히 고려해야만 할 것이며, 전반적으로 정서적 힘의 균형감이 지닌 중요성 또한 절대 간과할 수 없을 것이다. 나아가 그러한 부모의 흔적과 밀접한 관련을 지닌 것으로 내재과거아를 위치시킬 수 있을 것이다.

## 4 사랑, 그리고 마음의 성숙 : 대상관계이론

사랑을 받고 자란 사람과 사랑을 느끼고 성장한 사람, 이 두 사람 중 어떤 사람이 더 자기다운 삶을 살아갈 수 있을까? 임종렬은 『모신』에서 "받는 사람의 느낌" 및 "주관적으로 느끼는 것"의 중요성을 제시하면서 받는 아이의 느낌에 반하는 경우 발생하는 스트레스 역시 제시하고 있다.[16] 필자 역시 이 의견에 전적으로 동의하기에 그 답변은 사랑을 느낀 사람에 해당된다. 그럼 이 내용을 조금 더 다루어보자.

사랑을 받는다는 것은 주는 주체가 있다. 그러니까 주는 사랑이 있기에 받는다는 것이다. 후자의 경우 사랑을 느낀다는 것은 타자로부터의 어떠한 작용이 있다는 것이며 그 결과로서 자신이 그것을 사랑으로 느낀다는 것이다. 우리는 여기서 받는 주체와 느끼는 주체로 나누어 생각해 볼 수 있다. 사랑을 준다고 해서 모든 것이 사랑이 아니다. 상식선에서 이야기되어지는 말이겠지만 사랑은 언제나 받는 쪽이 판단하는 것이다. 나아가 받는 쪽이 사랑으로 느껴야만 비로소 사랑인 것이다.

사랑을 주었지만 그것이 사랑이 아닐 수도 있음은, 한 인간임에도 불구하고 받는 주체와 느끼는 주체가 동일하지 않다는 것을 의미한다. 한 쪽에서 사랑의 이름으로 전하는 태도, 말, 행동, 그리고 이러저러한 매체를 통한 다양한 표현을 전달받는다고 해서 주는 쪽에서 사랑이라고 여기는 그 사랑이 있는 그대로 전해지는 것은 아니다. 오히려 아무런 가치가 없거나 어떤 경우 침범의 요소로 작용할 수 있기 때문이다. 전달되는 그 사랑이 온전한 사랑으로 느껴지기 위해서는 전달되기 전에 받는 쪽에서 이미 선정해놓은 그 사랑으로 제조되어 있어야만 비로소 받는 주체가 이것이 사랑이구나라며 느낄 수 있다는 것이다. 결과적으로 주는 주체는 자신이 생각하고 느끼는 사랑이 받는 주체가 생각하고 느끼는 사랑이 아닐 수 있음을 매우 선명하게 인지하고 있어야 하며 따라서 자신의 것으로 상대방이 기대하는 사랑의 세계를 채색해서는 안 된다는 것이다.

아들이 어렸을 때 함께 마트에 간 적이 있다. 아들은 무선 리모컨으로 조종하는 자동차를 바라보다가 마음에 들었는지 그것을 사야한다고 했다. 필자가 보기에는 가성비가 별로였고 그것을 가지고 그렇게 창의적으로 놀이하기에 적합지 않아보였다. 사야한다는 아이의 손을 잡은 채 주위를 둘러보다 조립식 탱크를 발견했다. 저 장난감이야말로 놀이나 교육 모두 적합하겠다는 생각이 들어서 아이를 설득한 후 조립식 탱크를 사가지고 왔다. 신나게 만들어서 아이에게 유선 리모컨을 쥐어주니 아이는 이내 식상해했다. 결국 필자만 신이 났던 것이고 그 탱크는 어느 순간 장식품의 역할에만 충실하게 되었다. 아이가 초등학교에 입학하고 조금 더 자라고 나서 조립식 장난감에 취미를 가졌다. 조립식 탱크는 그 시기가 되어서야 비로소 아들에게 나름대로의 가치를 지닌 대상으로 인식된 것이며, 이전 시기에는 필자만이 애착을 가지고 있었던 것이다.

자신에게 좋은 것이 다른 사람에게도 반드시 좋은 것일 수는 없다. 사랑도 마찬가지이다. 내가 사랑하는 방식은 어디까지나 출발점이 나에게 국한되어있다. 자신에게 좋은 것은 스스로가 거기에 사랑을 느끼고 있기 때문이며 자신에게만 확인된 사랑일 수 있다. 그 사랑의 느낌을 나누어줄 때 그것이 반드시 사랑으로 귀결될 것이라는 확신은 순전히 자기애적인 토대에서 비롯된 착각일 뿐이다. 자기애의 영역에서 발생한 감흥에 타자가 동일하게 장단을 맞추어야 한다는 것은 고유한 한 사람을 대상화시키는 결과를 가져온다. 그 순간 상대방은 나 자신을 위해 존재하는 인간일 뿐이다. 만약 이러한 상호작용이 양육 과정에서 자주 발생하게 된다면 어떠한 결과를 가져올까?

사랑으로 자녀를 돌본다고 할 때 그 사랑의 출처가 미성숙한 자기애에 기원을 둔다면 곤란할 것이다. 출발은 어디까지나 자녀로부터 시작되어야 한다. 자신의 기분에 따라 자녀를 춤추게 한다면 대상관계학자인 Winnicott이 제시한 것처럼 그 아이는 자신 고유의 심리 세계와 신체감을 형성하고 강화시켜나가는데 어려움을 겪게 될 것이다. 그의 용어로 본다면 양육하고 돌보는 이의 그러한 태도와 행동은 "침범"이 된다. 아이의 욕구를 공감하고 고려하지 않은 양육자의 사랑은 아이의 자율성을 침범해서 밀고 들어오는 부정적 힘으로 작용하게 된다. 결과적으로 그 사랑은 더 이상 사랑이 아니다. 의사소통의 균형을 깨뜨리는 힘, 자기애적 요소를 강화하는 힘, 주체의 고유한 인격적 특성을 마비시키는 힘으로 자리를 잡게 된다. 그 힘은 사랑과 거리를 두고 있는 정서적 힘이다.

따라서 그 거리만큼 인간관계를 어렵게 하고 손상시킬 수 있음을 어렵지 않게 유추해 볼 수 있다.

사랑은 힘이다. 한 사람의 심리구조를 형성하고 인격의 발달을 좌우할 수 있는 위대할 수도 힘겨울 수도 있는 힘이다. 아이가 너무 사랑스러워서 눈에 넣어도 아프지 않을 만큼 좋다고 해도 항상 사랑을 전할 때의 출발은 아이로부터 시작해야한다. 힘의 출처가 아이로부터 나와야 한다는 것이다. 아이가 사랑하는 것과 사랑받고 싶은 것이 무엇인지 느끼고 공감하며 마음의 소리를 들을 수 있는, 그렇게 사랑의 힘을 조율하며 균형을 맞추어가는, 아이의 세계에 자연스럽게 발을 내딛고서 그 세계를 존중하는 양육방식일 때 양육자의 사랑은 비로소 그 아이를 마음으로 안을 수 있게 된다.

Winnicott은 아이에게 양육자가 먼저 적응해야 한다고 하면서 정서적으로 안아주는 것(holding), 신체를 잘 다루어주는 것(handling)의 중요성을 강조했다. 이는 "충분히 좋은 엄마"와 관련된다. 위니캇의 이론에서, 그러한 엄마는 "유아의 필요에 능동적으로 적응해 주고, 적응의 실패를 감당하고 좌절의 결과를 견딜 수 있게 되는 유아의 자라나는 능력에 맞추어 그 능동적인 적응을 점진적으로 줄여 가는 엄마"를 말한다.[17] 이는 주양육자인 엄마의 공감능력과도 깊은 관련을 지니고 있다.

공감은 사랑의 또 다른 이름이라고 할 만큼 사랑의 가치를 잘 담아내는 단어이다. 공감이 지닌 의미와 가치는 심리구조의 형성과 발달, 긍정적이고 좋은 관계형성의 정도를 결정한다. 아이를 공감할 수 있는 능력은 아이의 마음에서 시작하여 온 몸으로 울려퍼지는 다양한 정서적 내용에 자의적인 해석 없이 접촉할 수 있도록 이끌어 줄 것이다. 그러한 방식으로 아이가 필요로 하는 사랑을 감지하는 가운데 아이의 신체를 다루고 요청되는 것을 잘 제공할 수 있다면 그 아이가 경험하는 세상은 만족스럽고 아름다운 세상일 것이다.

Winnicott이 제시한 것처럼 양육자가 아이에게 세상을 소개하고 만나게 하는 방식이 곧 아이가 경험하는 세상일 진대, 사랑의 표현과 기술로서 공감이 지닌 가치는 그 어떤 가치와도 비교할 수 없을 만큼 위대한 결과 도출이 가능함을 충분히 짐작할 수 있을 것이다. 사랑이라는 관점에서 볼 때 세상의 삶을 시작하는 한 아이에게 양육자의 사랑이 지니는 가치에 대해 그리고 그 결과로서 발생하는 심리구조의 정도에 대해 구체적으로 다루고 있는 것이 대상관계이론이다.

인간이 지닌 매우 독특한 특성 가운데 하나가 자신만의 내면세계가 있다는 것이다. 내면의 세계가 존재한다는 것은 곧 외부의 세계와는 다른 고유한 세계가 있음을 의미한다. 외부세계는 우리의 감각과 밀접한 관련을 지니고 있다. 자신의 시야에 펼쳐지는 수많은 사물들, 귀에 들려오는 온갖 소리들, 향긋하고 구수한 음식 냄새로부터 곳곳에서 다양한 이유로 풍겨나 코에 와 닿는 냄새들 등등.. 인간은 감각기관을 통해 들어온 정보를 지각하고 기억한다. 그 지각의 내용은 크게 좋다 혹은 나쁘다는 것으로 구분될 것이다. 기억한다는 것은 언제든 떠올릴 수 있는 것 혹은 엄청 노력을 해야 하는 내용도 있고 아무리 애를 써도 혹은 언제 그런 적이 있었던가 싶은 내용이 있기 마련이다.

유아기 기억은 어디에 속하는 것일까? 아마도 거의 대부분 언제 그런 적이 있었는가 싶은 내용에 포함될 것이다. 누구에게 묻는다 한들 세 살 이전의 경험을 또렷하게 이야기할 수 있는 사람은 아마 없을 것이다. 물론 필자도 살아오면서 이런 사람을 한 번도 만난 적이 없다. 이제 질문이 당신의 유아기 시절 아기였던 당신을 돌본 주 양육자에게로 향한다. 어느덧 부쩍 자라 이제 대학생이 된 우리의 지나온 시간만큼이나 주 양육자의 시간도 함께 흘렀다. 얼마만큼 선명한 대답을 안겨다줄 수 있을까? 양자 간에 사라진 기억들을 재생해내기란 쉽지 않을 것이다. 하지만 우리의 내면세계는 그 기억들을 간직하고 있다.

대상관계이론은 현실의 경험에서 비롯된 마음세계를 다루고 있다. The American Psychoanalytic Association에서는"마음은 바깥으로부터 획득한 요소들, 즉 다른 사람의 기능 측면들이 내재화된 것이라는 가정을 바탕으로 한 심리학적 설명체계"[18]로 대상관계이론에 대해 설명하고 있다. 한 사람의 마음이라는 세계는 다른 사람의 흔적을 고스란히 담아두고 있을 뿐만 아니라 그것이 그 세계를 구축하는 주요 재료가 된다는 전제에서 전개되는 이론임을 말해주고 있다. 그만큼 "자기(the self)는 관계의 맥락에서 발전하고 존재하는 사적인 영역이며, 그 자체가 어떤 사람의 서로 다른 측면 간의 내적 관계로 구성된 것"이라는 의미를 지니고 있기에 대상관계이론에서의 인간은 철저하게 사회적이며 관계적인 존재이기에 그 근원적 욕구는 바로 타자와의 접촉에 대한 욕구로 그려지고 있다.[19]

대상관계이론에서 초점을 두고 있는 관계는 아기와 양육자와의 관계이다. 한 사람이 세상에 첫 발을 딛는 그 순간부터 관심의 초점이 되고 있다는 것은 그 만큼 처음 관계의 중요성이 지대함을 알려준다. 다양한 이유가 있겠지만 무엇보다도 아기의 자아 기능이 매우 미숙하기 때문일 것이다. 즉, 자신의 신체로부터 발생하는 본능적인 욕구와 충동을 자아가 주도적이고 능동적으로 해결할 수 있는 능력이 아직 부족하다는 것이다. 배가 고프다고 해서 어른들과 같이 필요한 식재료를 구입하러 가고 다양한 기구들을 활용하여 음식을 만들 수 없다. 텅 빈 위장에서 발생하는 본능적 자극을 해결할 수 있는 유일한 길은 발버둥 치며 울음을 터뜨리는 것 외엔 다른 방도가 없을 것이다. 양육자라는 대상은 이때 두 가지 욕구를 만족시켜준다. 하나는 본능적 욕구이고 다른 하나는 관계적인 욕구이다.

Winnicott 은 본능적인 욕구를 해결하는데 이바지하는 어머니를 "대상 어머니" 라고 일컬었고 "자아 욕구"를 지원해주는 어머니를 "환경 어머니"라고 했다.[20] 인간은 신체와 정신을 지닌 존재이다. 신체를 지녔다고 함은 본능적인 욕구가 발생한다는 것이다. 아기가 배고플 때 적절한 음식을 공급해 주어야 하고 한편 용변을 처리해야하는 일들이 발생한다. "대상 어머니"는 이와 관련된다. "환경 어머니"는 아이를 정서적으로 안아줄 수 있는 어머니를 의미하는데 "안아주기는 충분히 좋은 어머니의 자연스러운 돌봄의 기술"을 의미하는 것으로서 아이의 심리발달에 가장 중요한 요소가 된다고 했다.[21] 아이가 먹고 배출하는 욕구보다 아이를 공감적으로 돌보는 일이 얼마나 의미심장한 것인지를 지적하고 있다. 그만큼 "충분히 좋은 어머니"의 역할이 지니는 중요성이 막대함을 알 수 있다. 그렇다면 그러한 어머니의 모습은 도대체 어떠한 모습일까? 앞서 간략하게 제시했지만 그 중요성이 부각되는 만큼 그 내용을 좀 더 상세하게 제시하면 다음과 같다.[22]

유아에게 최적의 편안함과 위안을 주는 어머니, 즉 안아주는 환경을 제공해주는 어머니를 뜻한다. 그런 어머니는 아기의 공생적 욕구를 충족시켜 주고, 그렇게 함으로써 아기가 "몸짓"을 통해 신체 자기를 형성하는 과정을 돕고, 진정되고 능동적인 방식으로 대상을 사랑할 수 있는 토대를 제공해준다. 그녀는 자신의 욕구를 내세우는 대신에 아이에게 "적절한 시간"에 아이가 원하는 것을 제공해준다. 그리고 유아가 좌절, 공격성, 상실을 경험할 때, 계속적으로 공감해주고 안아주는 환경이 되어줌으로써 든든한 지지를 제공해준다. 이러한 속성들은 유아로 하여금 전능감을 경험할 수 있게 한다. 따라서 유아는 자신의 존재를 표현할 수 있고 자신이 창조적일 수 있다는 주관적인 느낌을 발달시킨다. 어머니는 자신의 사적이고 자연스런 모성 본능에 따름으로써 "충분히 좋은" 어머니가 된다. 위니캇은 이것은 자발적인 과정이며, 좋은 어머니가 되기 위한 안내서에서 배울 수 있는 것이 아니라고 강조했다. 그러나 초기에 거의 완벽했던 어머니의 적응은 차츰 감소하기 시작한다. 그녀는 차츰 적응에 실패하고 이것은 아동에게 아동 자신이 전능하지 않다는 사실을 가르쳐준다. 이때 유아는 전능감의 경험을 상실하지만, 그 대신 모험심을 얻게 되고, 대상 세계에 대해 분화된 공격성을 사용하는 능력을 획득한다.

좋은 음식과 좋은 옷 그리고 값비싼 유아용품들이 돌보는 이에게 어떠한 의미를 부여하거나 자기애적 만족을 줄지 몰라도, 아기 입장에서는 양육자의 사랑에 근거한 태도와 행동 그리고 그를 바탕으로 한 본능 욕구의 충족만큼 좋은 것은 없을 것이다. 주 양육자는 아기가 맞이하고 바라보고 다양한 감정을 소통하고 거래하는 유일한 세상이다. 자신이 마주하고 있는 유일무이한 세상이 자신을 환영해주고 공감해주며, 그 세상을 통해 한껏 사랑받고 있노라는 느낌을 뚜렷하게 체험할 수 있음은 세상에 대한 가장 근원적인 신뢰를 만들어준다. 우리가 세상을 살아가면서 진정으로 믿을 수 있고 신뢰할 수 있는 사람, 그 신뢰와 다가오는 사랑이 일관적일 수 있는 사람을 만난다는 것은 가장 큰 축복일 것이다.

세상을 잘 알지도 못하고 이해할 수도 없는 시기에 본능적인 충동을 무 방향으로 토해내고 발산해도 이를 적절하게 공감하면서 안아주는 사람과 함께 살아간다는 것은 내재화의 원리를 따라 마음 세계에 넉넉한 긍정적 힘을 발달과정에서 마련할 수 있게 된다. Mahler, Pine, and Bergman의 경우 이를 "정서적 대상항상성"의 개념으로 소개하고 있는데 실제 양육자가 없는 동안에도 "본능적 욕구나 내적인 불편함과는 무관하게 상대적이고 안정적으로 존재하는 신뢰할 만한 내적 이미지가 최소한 어머니를 부분적으로라도 대신할 수 있게 되려면, 대상항상성이 자리를 잡아야만 가능"하다고 했다.[23] 유아기에 경험한 양육자의 일관성은 양육자가 물리적으로 부재하더라도 자신의 마음 깊은 곳에 커다란 긍정적 자원이 되어 언제 어디서든 활용할 수 있는 넉넉한 마음의 힘이 된다는 것이다. 이와 상반되는 경험 혹은 사랑이 충분히 공급되지 않는 관계경험에서 충동적인 탐욕이나 공격성이 발생할 수 있다는 것은 짐작하고도 남을 것이다. 결과적으로 처음 세상을 맞이하는 모든 인간들의 경험 중심에는 사랑이라는 단어가 자리 잡고 있다. 그리고 이와 반대되는 증오라는 강렬한 감정 에너지의 발생 여부를 가늠할 수 있을 것이다.

Fairbairn의 이론적 틀에서 인간의 자아는 관계적 특성을 지닌 것으로 그려지고 있다. 특히 현실에서 이상적인 대상 곧 애정과 친밀감이 느껴지는 관계를 추구한다는 것이다. 한마디로 사랑의 경험이라고 할 수 있다. 하지만 긍정적이고 좋은 경험으로 관계를 맺을 수 없을 때에도 여전히 관계 지향적 특성은 물러서질 않는다. 그래서 내면에서 진행되는 그 과정이 매우 특이하다. 왜냐하면 사랑 경험에 실패한 현실의 관계를 잘라내어서 무의식으로 가져온다는 것이기 때문이다. 관계이기 때문에 여기에는 자아와 그에 반응하는 양육자가 기본적으로 설정되어 있다. 따라서 사랑을 줄 것 같아 기대를 하게 만들었던 양육자의 모습이나 애당초 거절해버린 이미지 뿐 만 아니라 그에 대응하는 각 각의 자아 즉, 좋은 반응을 기대하던 자아의 상태나 거절당한 자아의 모습이 함께 내면으로 들어온다는 것이다. 그러니까 "자아의 분열"이 발생한다는 것이다. 이루어질 수 없는 사랑의 아픔을 감당해내야 하는 것은 아이 자신이 된다. 그렇게 정신 전체로서의 자아에서 부정적인 경험에 참여한 자아와 그와 관련된 대상의 모습을 함께 스스로 처리한다는 것이다.

Fairbairn의 이론에서 바라볼 때, 세상에 완전한 사람은 없다. 양육자도 마찬가지이다. 모든 상황에서 자신이 돌보는 아이에게 완전한 사랑을 공급할 수 없다. 그렇기에 모든 유아에게 어느 정도의 좌절 상황은 불가피한 것이 현실이다. 그만큼 자아의 원래적 기대를 충족시킬 수 없는 관계경험이 발생할 수밖에 없다는 것이며 결과적으로 모든 유아는 어느 정도의 자아 분열을 피할 수 없다는 것을 의미한다. 자아의 분열에 대한 당위성은 양육자가 신이 아니라는 의미를 내포하고 있다. 중요한 것은 부정적인 경험이 어느 정도이며 얼마나 그 경험이 좋지 못했는지에 있다는 것이다.

이에 따라 자아의 분열정도가 결정될 것이다. 분열의 정도가 크다는 것은 그 크기만큼 사랑의 아픔을 지녔다는 것이다. 이는 유아의 입장에서 볼 때 자신의 사랑이 형편없고 아무짝에도 쓸모가 없는 것이라고 느끼게 되는 상태를 가져온다고 했다. 그래서 그 만큼 세상의 현실적 관계로부터 물러선다는 것이다. 비인격적인 관계의 정도, 정서적으로 진실하게 접촉할 수 없는 정도, 자신의 느낌과 생각에 집착하면서 소통의 어려움을 경험하는 정도, 사랑할 수 없고 오히려 부정적인 관계를 선택하려는 정도 등이 그와 관련되어 있다는 것이다.

대상관계이론적 틀에서 볼 때 사회활동을 하면서 이루어지는 모든 관계 보다 앞선 관계, 가장 근원적 관계, 나아가 모든 인간관계와 대인관계의 기초가 되는 관계는 주 양육자와의 관계일 것이다. 건축분야에 전문가가 아니라 해도 집을 지을 때 기초가 튼튼해야 한다는 것을 모르는 사람은 없을 것이다. 비단 건축뿐만 아니라 다양한 영역에서도 기초가 지닌 중요성은 말할 필요가 없을 것이다. 기초가 부실한 건축물의 긍정적 미래를 보장한다는 것은 장담하기 어렵다. 인간의 심리구조 형성에 있어서도 마찬가지이다. 한 사람의 마음 세계가 형성되고 이를 바탕으로 성격이라는 것이 이루어지는데 있어서 다양한 요소가 영향을 줄 수 있겠지만 영유아기 관계경험은 그 어느 것보다 중요하며 성격구조의 근간을 이루는 핵심적인 경험이다. 대상관계이론은 이 영역에 초점을 두고 있다. 나아가 다양한 병리적, 대인관계적, 인격적 특성들의 근본적인 원인과 해결책을 영유아기 무의식에 형성된 초기 관계유형에서 찾고 있다.

지금까지 대상관계이론을 설명하면서 두 세 학자의 이론을 토대로 간략하게 전개해보았다. 이 지면을 통해 그 이론의 방대함과 깊이를 모두 다룬 다는 것은 불가능에 가까운 일이라고 본다. 그러나 약간의 맛보기만으로 영유아기 관계경험의 중요성과 이후 다양한 대인관계에 미치는 영향의 일부를 조금은 만나볼 수 있었을 것으로 생각된다. 글을 마무리 하면서 한 가지 더 짚어야 할 것은 영유아기 경험의 중요성에도 불구하고 그 결과가 고정화되고 영속화된다는 것은 아니다. 대상관계이론은 이후 다양한 관계경험을 통해 마음의 지도가 충분히 바뀌어 질 수 있다는 여백을 넉넉하게 남겨두고 있다. 오늘의 지금-여기에서의 긍정적 경험, 진실한 사랑경험은 어느새 마음 밭을 새롭게 그려내고 있을 것이다.

## 생각거리, 볼거리, 읽을거리

### / 생각거리

1. 나의 영유아기 그리고 아동기는 어떠했을까?

2. 균형감을 잃은 사랑의 흔적 때문에 대인관계에서 드러나는 나의 특성은 무엇일까?

3. 대인관계를 어렵게 만드는 나의 내재과거아는 무엇일까?

### / 볼거리

〈굿 윌 헌팅〉, 구스 반 산트 감독, 1998.

〈이보다 더 좋을 순 없다〉, 제임스 L. 브룩스 감독, 1998.

〈패치 아담스〉, 톰 새디악 감독, 1999.

〈뷰티풀 마인드〉, 론 하워드 감독, 2002.

### / 읽을거리

김종만. 『나: 정신분석학적 관점에서 본 자아의 성장과 발달』. 한림미디어, 2005.

Jeremy Holmes, 『존 볼비와 애착이론』, 이경숙 역. 학지사, 2005.

02

# 행복

## 행복에 관한 이야기

유엔자문기구인 지속가능발전 해법 네트워크(SDSN)에서는 매년 전 세계 나라들을 상대로 국민 행복도를 조사하여 순위를 발표하고 있는데 2018년 3월 14일(현지 시간) 2018 세계 행복 보고서(World Happiness Report)가 발표됐다. 보고서는 10점 만점이며 국내총생산(GDP), 기대수명, 국가의 사회적 지원, 선택의 자유, 부패에 대한 인식, 사회의 너그러움 등 다양한 기준으로 국가별 행복지수를 산출한다. 2018 세계 행복 보고서에 따르면, 1위 핀란드(7.632점), 2위 노르웨이(7.594점), 3위 덴마크(7.555점) 순으로 나타났고 한국은 10점 만점에 5.875점으로 156개국 중 57위를 차지했으며 2017년 55위보다 두 계단 하락하였다.

우리나라에서는 카카오 소셜임팩트팀과 서울대학교 행복연

구센터에서 2017년 9월 부터 2018년 하반기까지 우리나라 국민의 안녕 지수를 조사하였다. 225만여 건의 데이터를 분석한 결과 평균 안녕 지수는 50점으로 나타났으며 11개 항목(삶의 만족, 삶의 의미, 스트레스, 정서 밸런스, 즐거움, 평안함, 행복, 지루함, 불안함, 짜증, 우울)에 0부터 10까지 척도로 응답한 인간의 행복도를 의미한다. 그 결과 남성의 평균 안녕 지수는 56점, 여성은 53점으로 나타났다. 서울대학교 행복연구센터 측은 "행복 차이는 나이와 시간의 영향이 아닌 성장 환경에 따른 것으로 추정된다"며 "급격한 경제 성장을 경험한 베이비부머 세대에선 성별 차이가 크지 않은데, N포 세대의 심리적 · 사회적 특성이 남녀 간 격차를 벌린 것"이라고 설명했다.

## 행복에 대한 정의

인간들은 모두 행복하기를 원하지만 막상 행복이 무엇이라고 생각하는가에 대한 질문을 받으면 한 마디로 정리해서 대답하기를 어려워한다. 왜냐하면, 보통 행복이라고 하면 행복한 느낌을 떠올리게 되고 그 느낌이란 인간마다 지극히 개인적인 것이어서 '행복은 이런 것이다'라고 정의하기가 쉽지 않기 때문이다. 그렇다면 과연 행복이 무엇이기에 행복하다는 인간은 무엇에서 행복감을 느끼고 불행하다는 인간은 무엇 때문에 불행하다고 느끼는 것인가. 대부분의 인간들이 행복을 추구한다는 것에는 모두 동의할 지라도 사실 행복은 시대와 사회 · 종교적 가치관, 학문 분야 등에 따라 다르게 정의 되어 왔다.[24]

먼저, 행복의 의미를 사전에서 찾아보면 '복된 좋은 운수 또는 생활에서 충분한 만족과 기쁨을 느끼는 흐뭇한 상태'로 정의된다. 이것은 즐겁고, 만족스럽고, 흐뭇하고, 더할 나위 없는 축복을 느끼는 마음의 상태를 말한다. 만약 우리가 평소 생활에서 기쁨이나 즐거움을 느낄 때, 지극히 복이 많다고 느끼거나, 어떤 인간을 사랑하고 그 인간으로부터 사랑을 받고 있다고 느끼면 행복하다고 말할 수 있다.

영어에서 행복을 의미하는 'happy'는 고대 스칸디나비아 말인 'happ'에서 유래했다. 원래 이 단어의 뜻은 '행운'이라고 한다.[25]

한자 행복(幸福)의 '행(幸)' 자 또한 행운의 의미가 있다. 이처럼 동양이나 서양 모두 행복의 개념을 운이 좋게 어떤 상황이나 일이 자신의 의도대로 되는 것으로 사용하였다.

### 행복에 대한 관점

일반적으로 행복에 대한 관점은 크게 쾌락주의적(Hedonic)

관점과 자기실현적(Eduaimonic) 관점이라는 두 개의 흐름에서 논한다.

■ 쾌락주의적(Hedonic) 관점

쾌락주의적 관점은 삶의 목적이 쾌락을 극대화 시키고 불쾌나 고통은 극소화 시키는데 있다고 주장한 그리스의 철학자이며 소크라테스의 제자인 아리스티포스(Aristippos)에 그 기원을 둔다. 따라서 쾌락주의적 관점에서 행복이란 '개인이 주관적으로 경험하는 유쾌한 상태'로 개인이 자신의 삶에 대해서 만족스럽게 느끼는 주관적인 상태를 의미하고, 쾌락주의적 관점에서 행복을 탐구하는 심리학자들은 긍정적인 주관적 경험들(웰빙, 행복감, 삶의 만족도, 몰입경험, 긍정정서 등)에 초점을 맞춘다.[26] 그러나 쾌락주의적 관점이라고 해서 행복을 말초적 쾌감에만 두는 것은 아니다. 최근 우리에게 많이 친숙해진 '주관적 안녕감(subjective well-being)'이라는 단어가 바로 쾌락주의적 관점에서 정의하는 행복의 또 다른 이름이다.

■ 자기실현적(Eduaimonic) 관점

자기실현적 관점은 고대 그리스 철학자 아리스토텔레스가 원조로, 진정한 자기(self)가 실현되는 과정인 유다이모니아(Eduimonia) 상태를 행복이라 보았다. 따라서 자기실현적 관점에서의 행복이란 '개인의 잠재적 가능성을 충분히 발현하는 것'으로, 성격적 관점과 덕목을 충분히 계발하고 발휘함으로써 인생의 중요한 영역에서 의미 있는 삶을 구현하는 것을 의미한다. 자기실현적 관점을 중시하는 심리학자들은 인간의 긍정적 특질 즉 성격적 관점과 덕목(지혜, 인간미, 용기, 절제, 정의, 초월)의 연구에 초점을 맞춘다.[27]

그러나 오늘날 행복에 대한 관점은 쾌락주의적 관점과 자기실현적 관점을 따로 구분하기보다는 둘 다를 포함하는 통합적 관점이 대세이다. 그리고 행복에 대한 정의도 이런 통합적 관점을 반영하고 있다.

## 행복의 단계

행복이란 개인의 기준으로 평가하여 마음으로 느끼는 것이다. 따라서 행복하다는 것은 절대적인 상태가 아니라 상대적인 상태로서, 생각했던 것보다 더 나은 또는 다른 인간보다 더 나은 상태를 암묵적으로 의미한다. 이에 대해 학자들은 행복을 보통 3단계로 정의하고 있다.

### 제1단계 행복

제1단계 행복은 감정으로 느끼는 것으로 가장 직접적인 단계이다. 이 단계에 있어 행복의 의미는 기쁨이나 즐거움을 느끼는 것이다. 이 단계의 행복은 마틴 셀리그먼이 말한 한잔의 와인과 같이 즐거운 삶이며, 시티븐스가 말한 좋은 느낌과 긍정적인 마음이다.[28] 또한 버트런드 러셀이 말하는 동물적인 것이나 감정적인 것이 여기에 해당한다.[29] 인간은 유한한 존재로서 육체를 가지고 있다. 육체가 있으면 좋다, 싫다, 배고프다, 아프다 등과 같은 감정도 느낀다. 여기서 좋게 느끼는 것 즉 기분이 좋다고 느끼는 것이 바로 1단계 행복이다. 예를 들면 어려운 숙제를 마쳤거나, 무거운 짐이 실린 손수레를 끌고 힘겹게 오르막길을 올라가는 할머니를 도와줬을 경우 흐뭇한 마음을 느낄 수 있다. 또 나만의 조용한 공간에서 음악을 들을 때, 사랑하는 연인과 정다운 이야기를 나눌 때, 침대에 누워 재미있는 소설책을 읽을 때도 즐거움을 느낄 수 있다. 사실 자신의 의지대로 감정을 바꾸기란 쉬운 일이 아니다. 그러나 인간은 어떻게 받아들일지를 결정할 수 있다. 긍정적인 생각을 계속하다 보면 기분도 좋아진다.[30]

### 제2단계 행복

제2단계 행복은 살면서 느낀 즐거움과 고통을 비교해 보고 장기적으로 삶이 더 만족스럽다고 평가하는 것을 의미한다. 이는 느낌의 전체적인 균형 상태에 대해 종합적인 판단을 한 것이다. 따라서 제2단계의 행복이란 감정 그 자체와 함께 그런 감정에 대한 판단이 혼합된 상태이다. 이는 흡족함이나 만족과 같은 의미이다. 이 단계의 행복은 다른 가능성과 비교하는 보다 복잡한 인식 과정을 포함하고 있으며 그 인간의 평소 생활 태도와 관계된다. 세상을 긍정적이고 밝게 보는 인간은 자신의 삶에 대한 평가 또한 그렇게 하고, 만족 수준도 높다. 뇌 검사에 따르면 행복과 슬픔을 느낄 때 나타나는 뇌의 활동 패턴이 다르다고 한다. 인간들이 행복감을 느끼면 주로 좌측 안구 바로 뒤인 좌측 전전두엽 피질에서 전기적 활동이 강화된다는 것이다. 이 부분의 활동이 활발한 인간들은 자신의 감정을 잘 조절하고 분노감에서도 쉽게 회복된다고 한다.[31]

### 제3단계 행복

제3단계의 행복은 자신의 진정한 잠재력을 실현하는 삶을 의미한다. 이것은 감정 상태를 의미하는 것이 아니다. 이 단계의 행복은 도덕적인 것과 이데올로기적 의미를 포함하고 있다.[32] 명예, 존경, 재산 등과 같은 다른 목표들은 모두 행복을 위한 조건이다. 우리가 욕망하는 것이 사회적인 것이든 물질적인 것이든 모두 행복이라는 목표를 달성하기 위한 수단에 불과하다. 이에 대해 아리스토텔레스는 "행복은 삶의 의미이며 목적이고 인간 존재의 온전한 목표이며 목적"이라고 했으며, 달라이 라마는 "종교를 믿든 믿지 않던, 이 종교를 믿든 저 종교를 믿든, 우리 삶의 목적은 행복이며, 우리 삶은 행복을 향해 움직인다"고 했다.[33] 또한 영국의 철학자 데이비드 흄은 "인간이 하는 모든 노력의 궁극적 목적은 행복의 달성이다. 행복을 위해 기술을 발명하고, 학문을 육성하고, 법을 만들고, 사회를 형성한다"고 했다.[34]

## 행복의 기술

미국의 캘리포이나 대학교의 앨리슨 애비 교수 등은 그들의 연구를 바탕으로 '행복한 인간들의 특징'을 발표한 바 있다.[35] 그리고 그 특징을 삶의 기술(The art of living)이라 하였다. 아마도 그들은 삶이 예술과 같으며, 행복한 인간은 예술가처럼 자신의 행복을 공들여 만들어가는 인간으로 본 것 같다.

첫 번째 기술

**행복한 인간들은 선택과 결정을 할 때 인생의 완벽한 해답을 찾으려고 하기보다는 '이만하면 괜찮다' 싶은 것을 선택하고자 한다**

자신의 선택을 전적으로 믿고 그 선택에 후회 없는 인간은 별로 없다. 그러나 행복한 인간들은 자신의 선택을 믿으며 후회하지 않는다고 한다. 완벽한 답을 못 찾아 스스로 자책하는 일이 적어지고 또 다른 선택에 대한 미련도 갖지 않기 때문에 좀 더 만족스러운 삶을 영위해 나갈 수 있다.

두 번째 기술

**행복한 인간들은 자신이 내린 결정에 대해 긍정적으로 생각하려고 한다**

첫 번째 기술에서 언급했듯이 자신의 선택을 믿으며 후회하지 않기 때문에 자신이 내린 결정에 대해 최대한 좋은 점을 보려고 노력한다는 것이다. 행복하지 않은 인간은 자신이 내린 결정의 위험과 단점을 생각하며 불안해하는 경향이 있다. 그러나 행복한 인간들은 자신의 결정에 대해 장점을 생각함으로써 자신에게 힘을 불어넣고 자신감을 갖는다. 그렇다고 해서 자신의 잘못된 선택에 대한 객관적 사실까지 왜곡하지는 않는다. 다만 주관적인 평가에서의 긍정적 태도를 유지하고자 한다.

세 번째 기술

**행복한 인간들은 남들과 자신을 잘 비교하지 않는다**

행복하지 않은 인간들은 끊임없이 남들과의 비교에 과도한 신경을 쓰는 경향이 있지만, 행복한 인간은 남들보다 잘 하는지 못하는지에 신경을 크게 쓰지 않는다. 또한 실패와 성공에 대한 관점의 차이가 있다. 일에 실패했을 때 행복하지 않은 인간은 자신을 탓하고, 일에 성공했을 때 행복한 인간은 자신의 노력에 기뻐한다. 즉 행복한 인간은 다른 인간의 눈으로 인생을 사는 것이 아니라, 자신이 주체가 되어 삶을 즐길 줄 아는 인간이다. 또한 행복한 인간은 실패를 실패로 보지 않고 경험으로 본다. 왜냐하면 실패를 통해 무언가를 배웠다면 그것은 실패가 아니라 경험이기 때문이다.

네 번째 기술

**행복한 인간들은 자기 스스로에 대해 그렇게 많이 생각하지 않는다**

우울한 기분이 들 때 자신에 대해 너무 많은 생각을 하고 스스로에게 너무 많은 질문을 던지는 것은 유익하지 않은 경우가 많다. 기분이 안 좋을 때 자기에게 너무 빠지면 감정에 휘둘리고 더 우울해지기 쉽다. 기분이 좋지 않은 상황에서 행복한 인간들은 너무 자기 생각에 빠지지 않고, 다른 환경에 주의를 기울여서 기분 전환할 수 있는 삶의 기술을 가지고 있다.

다섯 번째 기술

**행복한 인간들은 일상의 사건들을 더 즐겁게 해석한다**

어떤 인간은 찾아오는 절기 예를 들면 크리스마스를 아주 귀찮은, 해치워야 하는 이벤트로 생각하지만 행복한 인간은 흥겨움을 즐길 수 있는 사건으로 본다. 즉 인생을 고행으로 보는 것이 아니라 축제의 장으로 여기는 것이다.

## 2 프랑수아 를로르, 『꾸뻬 씨의 행복 여행』

### 또 한명의 꾸뻬, 프랑수아 를로르

프랑수아 를로르는 1953년 프랑스 파리에서 태어났다. 1985년 의학박사 학위와 정신과 전문의 자격을 취득했다. 의과대학에 재학 중이던 를로르는 아동 자폐증 전문가를 아버지로 둔 탓에 정신과 의사란 직업이 얼마나 어렵고 고통스러운 직업인지 너무도 잘 알고 있었지만 환자들을 검진하기보다는 그들의 이야기를 듣는 데 깊은 관심을 갖게 됨으로써 아버지 뒤를 이어 정신과를 택하게 되었다. 의사 자격증을 취득한 다음 1년 간 미국 정신의학계에 몸담게 되며, 프랑스로 귀국해서 1986년~88년, 파리 르네 데카르트 대학 병원인 네케르 병원의 정신과 과장을 지낸다. 건축과 회화, 문학 등 다방면에 관심을 가진 를로르는 현대인들의 정신질환을 치유하기 위한 또 다른 방법으로 글쓰기를 시작하고, 빼어난 글솜씨 덕분에 펴낸 저서 가운데 여러 권이 베스트셀러가 되었다. 현재 를로르는 정신과 의사로서 NGO 단체 알랭 카르팡티에 센터에서 일하며, 집필에 몰두하고 있다. 를로르의 저서로는『꾸뻬 씨의 행복 여행』,『감정의 힘』,『엑토르, 그리고 사랑의 비밀』,『혼란스런 사랑 나라의 윌리크』,『다루기 힘든 사람들을 어떻게 대할 것인가』,『미치광이들을 위한 자유』,『엑토르 씨의 시간 여행』,『정신과 의사의 콩트』 등이 있다.

### 작고 조용한 시골 마을로 여행을 떠나다

2014년 영화로도 제작된『꾸뻬 씨의 행복 여행』은 저자 프랑수아 를로르의 첫 번째 소설이며, 2002년 자신의 임상 경험을 바탕으로 한 책이다. 원제는『엑토르 씨의 행복 여행』인데 국내에서는『꾸뻬 씨의 행복 여행』으로 출간되었다. 행복의 의미를 찾아 떠난 정신과 의사의 이야기를 담은 이 책은 출간과 동시에 유럽에서 베스트셀러 순위에 오르며 전 세계 12개국에서 소개되었다. 프랑수아 를로르는 현대인들의 정신질환을 자신의 임상 경험을 바탕으로 한 글쓰기로 치유해 보자는 목적으로 이 책을 썼다. 우리는 가끔씩 "나는 행복한가" "과연 이렇게 사는 것이 행복한 것인가" "그렇다면 행복은 무엇인가" 라는 질문을 툭 던진다. 그러나 언제나 그렇듯 답을 찾지 못하고 다른 생각을 하게 된다. 어떻게 보면 인간으로서 영원히 그 정확한 답을 찾을 수 없겠지만 좀 더 선명하고 구체적으로 생각할 수 있는 방법을 친절하게 알려주는 책이 『꾸뻬 씨의 행복 여행』이라고 생각한다. 그 점에 있어 이 책은 행복이 나에게 던지는 질문에 대한 답을 찾기 위해서 떠나는 여행자의 손을 부드럽게 잡고 이끌어준다. 그리고 그 여행자를 계곡에 흐르는 물소리만이 유일하게 들리는 어느 작고 조용한 시골의 큰 느티나무 아래에 앉게 해 주는 책이다.

### 작고 조용한 시골 마을에서 꾸뻬 씨를 만나다

세상 어느 곳보다 정신과 의사가 많은 도시, 세상 어느 곳보다 풍요로운 도시. 그의 진료소는 '힐링'을 받으러 온 인간들로 넘쳐났다. 그러나 꾸뻬 씨는 다른 인간들은 행복해질 수 있도록 도와주면서 정작 자기 자신은 행복하지 않았다. 그는 자신을 '힐링'하기 위한 시간이 필요했던 것이다. 그래서 그는 자신을 행복하게 만들어 줄 여행을 계획하기 시작했다.

꾸뻬 씨는 먼저 중국으로 여행을 떠나기로 했다. 중국으로 향하는 비행기 안에서 난생 처음 비즈니스 클래스에 앉게 되어 행복해 하던 꾸뻬 씨는 자신과는 다르게, 예전에 퍼스트 클래스를 탔던 기억과 비교하며 불평을 하는 또 다른 승객을 만나면서 첫 번째 배움을 수첩에 적는다. 그리고 이후 누군가를 만나거나 어떤 상황에 맞닥뜨렸을 때 '아, 이것이 행복을 위해 필요하구나' 또는 '이렇게 하면 안 되는 거구나' 하는 생각이 들 때마다 수첩에 적어둔다.

꾸뻬 씨는 무작정 찾아간 중국의 사원에서 노승을 만나 행복에 대해 찾고 있다고 말하지만 뾰족한 답변을 얻지는 못한다. 다만, 노승은 꾸뻬 씨의 계획에 공감하며 여행을 마치고 자신을 한 번 더 찾아와 달라고 한다. 이후 본격적으로 행복 찾기 여행을 떠난 꾸뻬 씨는 아프리카 대륙(정확히 말하고 있지만 않지만, 흑인들의 나라 또는 더운 나라라고 말하고 있으니 그리 짐작해본다)에서 그곳 인간들을 위해 일하는 친구 장 미셸을 만나는가 하면 우연한 기회(차에서 잠들었다가 차가 강도들에게 탈취되었다)에 죽음을 직면하기도 하고, 미국(역시 미국이라고 직접적으로 표현하지는 않지만 모든 것이 가장 많은 큰 나라이며, 변호사와 의료소송을 언급하는 것을 보니)에 있는 또 다른 친구 아녜스를 만나러 갔다가 행복에 관한 세계적인 전문가이자 훌륭한 교수와 만나 대화를 나누기도 한다.

다양한 순간, 다양한 인간과의 만남의 순간, 순간 꾸뻬 씨는 하나씩 배움의 목록들을 채워나간다. 그가 적어 내려가는 배움의 목록을 살펴보면 그리 어려운 것들이 아니다. 어떻게 보면 간결하고 단순하기까지 한데, 그래서 더욱 공감이 가는 것들이 많은 것 같기도 하다. 그리고 다시 중국의 노승을 만나 행복에 대한 배움의 목록을 보여준다. 그리고 함께 산책을 하던 노승은 말한다.

"진정한 지혜는 이 풍경 속에서 한 순간에 발견할 수도 있고, 아니면 언제까지나 깊이 감추어져 있을 수도 있습니다."(188)

다소 선문답 같은 대화였지만 꾸뻬 씨는 노승과의 대화를 통해 행복에 대한 어떤 깨달음을 얻는다. 그리고 일상으로 돌아와 다시 그의 환자들을 만나고, 여행을 하는 동안 만났던 친구들과 소식을 나눈다. 삶의 가치(행복)에 대한 기준이 바뀐 친구 뱅쌍, 여전히 가난한 아이들을 위해 일하는 장 미셸 등과 말이다. 물론 모두가 극적으로 변화하진 않았다. 그의 환자들 중 몇몇은 여전히 불만을 표시하기도 한다. 하지만 그는 자신이 여행 중 발견한 배움들을 그들과 나누려 노력하며 이야기를 마친다.

꾸뻬 씨와 함께 여행을 하며, 어쩌면 '행복'이라는 것이 그리 거창한 것만은 아닐지도 모르겠다는 생각을 했다. 그냥 나의 일상과 인간과의 관계에 있어서 작은 기준들을 지키며, 이 순간을 감사하며 충실히 살아가는 것이 '행복'이 아닐까 싶다.

꾸뻬 씨의 스물 세 가지 배움 목록은 다음과 같다.

배움1. 행복의 첫 번째 비밀은 자신을 다른 인간과 비교하지 않는 것이다

배움2. 행복은 때때로 뜻밖에 찾아온다

배움3. 많은 인간들이 자신의 행복이 오직 미래에만 있다고 생각한다

배움4. 많은 인간들은 더 큰 부자가 되고 더 중요한 인간이 되는 것이 행복이라고 생각한다

배움5. 행복은 알려지지 않은 아름다운 산속을 걷는 것이다

배움6. 행복을 목표로 여기는 것은 잘못된 생각이다

배움7. 행복은 좋아하는 인간과 함께 있는 것이다

배움8. 불행은 사랑하는 인간과 헤어지는 것이다

배움9. 행복은 자기 가족에게 아무것도 부족한 것이 없음을 아는 것이다

배움10. 행복은 자신이 좋아하는 일을 하는 것이다

배움11. 행복은 집과 채소밭을 갖는 것이다

배움12. 좋지 않은 인간에 의해 통치되는 나라에서는 행복한 삶을 살기가 더욱 어렵다

배움13. 행복은 자신이 다른 인간들에게 쓸모가 있다고 느끼는 것이다

배움14. 행복이란 있는 그대로의 모습으로 사랑받는 것이다

주목할 점_우리는 웃고 있는 아이에게 더 친절하다.

배움15. 행복은 살아 있음을 느끼는 것이다

배움16. 행복은 살아 있음을 축하하는 파티를 여는 것이다

배움17. 행복은 자기가 사랑하는 인간의 행복을 생각하는 것이다

배움18. 태양과 바다, 이것은 모든 인간들에게 행복을 가져다 준다

배움19. 행복은 다른 인간의 의견을 너무 중요하게 생각하지 않는 것이다

배움20. 행복은 사물을 바라보는 방식에 달려 있다

배움21. 행복의 가장 큰 적은 경쟁심이다

배움22. 여성은 남성보다 다른 인간의 행복에 대해 더 배려할 줄 안다

배움23. 행복은 다른 인간의 행복에 관심을 갖는 것이다

## 행복은 바로, 지금 여기에 있다

> "진정한 행복은 먼 훗날 달성해야 할 목표가 아니라, 지금 이 순간 존재하는 것입니다. 인간의 마음은 행복을 찾아 늘 과거나 미래로 달려가지요. 그렇기 때문에 현재의 자신을 불행하게 여기는 것이지요. 행복은 미래의 목표가 아니라, 오히려 현재의 선택이라고 할 수 있지요. 지금 이 순간 당신이 행복하기로 선택한다면 당신은 얼마든지 행복할 수 있습니다. 그런데 안타까운 것은 대부분의 인간들이 행복을 목표로 삼으면서 지금 이 순간 행복해야 한다는 사실을 잊는다는 겁니다."(190)

언젠가 행복은 내 발끝에 있다는 이야기를 들은 적이 있다. 그러나 미래를 위해 살아가는 인간들이 자기 발끝에 있는 행복을 보기란 분명 쉽지 않을 거라 생각한다. 나도 예전에는 행복을 가질 수 있는 것이라 생각했다. 그래서 늘 행복하기 위해 여러 가지 계획을 짜고 나도 언젠가는 행복할 거야, 행복하겠지 이런 생각을 하며 살았었다. 물론 지금은 그것이 잘못된 생각이란 걸 너무나 잘 알고 있다. 행복은 순간순간에 느껴지는 감정이지 붙들고 있거나 가질 수 있는 게 아니라는 것을 배웠기 때문이다. 그렇기에 무엇을 유하거나 어떤 목표를 달성하는 것과 행복을 연관 짓는다면 우리는 결코 행복할 수 없다. 그 순간 행복을 얻는다 해도 금방 지나가 버리기 때문이다.

행복이란 우리의 마음 안에 있는 것이다. 내가 어떻게 생각하느냐에 따라 현실을 바라보는 눈이 달라지기 때문이다. 인간은 누구나 삶을 대할 때 우선하는 자신만의 가치가 있지만 그 기준이 되는 가치가 소박할수록 더 많은 행복을 누릴 수 있지 않을까 생각한다. 많은 인간들이 화려한 도시의 생활을 접고 시골로 오고 싶어 하는 것도 소박한 삶에서 느낄 수 있는 편안함이 행복과 직결되기 때문일 것이다. 이런 측면에서 『꾸뻬 씨의 행복 여행』은 우리에게 행복은 내 친구 옆이 아니라 바로 내 옆에 있음을 일깨워 준다.

## 3 기시미 이치로, 『행복해질 용기』

### 기시미 이치로를 통해 아들러를 보다

기시미 이치로는 1956년 교토 출생으로 『미움받을 용기』의 원안을 담당한 일본 아들러 심리학회가 인정한 카운슬러이자 고문인 일본 유명 철학자이다. 고등학생 시절부터 철학에 뜻을 두었고, 대학교 진학 후에는 은사의 자택에 문턱이 닳도록 드나들며 논쟁을 벌였다. 교토대학교 대학원 문학연구과 박사과정 만기퇴학(満期退学), 철학(서양 고대철학, 특히 플라톤)과 함께 1989년부터 '아들러 심리학'을 연구하여, 고대철학에 관하여 왕성하게 집필 및 강연 활동을 펼쳤고, 정신의학병원 등에서 수많은 '청년'을 상대로 카운슬링을 했다. 현재 메이지 동양의학원 전문학교에서는 교육 심리와 임상 심리를, 교토성카타리나 고등학교의 간호전공과에서는 심리학을 가르친다. 저서로는 2014년 일본에서 크게 사랑받았던 『미움받을 용기』를 비롯해 『아들러 심리학 입문』,

『아들러의 인생을 살아남는 심리학』, 『아들러를 읽다』, 『아들러에게 배우다』가 있다. 번역서로는 『알프레드 아들러의 개인심리학 강의(個人心理学 講義)』, 『인간은 왜 신경증에 걸리는 걸까(人はなぜ神経症になるのか)』 등이 있다.

## 누군가와 마주한다는 것은

일본 최고의 아들러 심리학 권위자 기시미 이치로는 바로 지금, 여기에서 행복해지고 싶다면 아들러 심리학을 만나라고 권면한다. 그는 어머니의 죽음을 계기로 진정한 행복에 대한 고민을 시작했지만 그 답을 찾지 못한 상태에서, 아들러 심리학이 그 답을 쥐고 있다는 강사의 말을 듣고 행복을 단정 짓는 것에 대한 반발심이 일었다. 그러나 어떤 상황에서도 마음먹기에 따라 행복의 의미가 달라진다는 평범한 행복론과 일선을 긋는 아들러의 가르침은 어떻게 살아야 하는지에 대한 하나의 지침을 분명히 제시했고, 기시미 이치로는 단순하게 행복해질 수 있는 그 핵심을 찾아냈다. 그것은 행복의 원인을 분석하고 후회하느라 시간을 낭비하는 것이 아니라, 과거에 개의치 않고 당당히 지금부터 행복의 새로운 방향을 정하고 나아가는 것이다.

『행복해질 용기』는 있는 그대로의 자신이 진정한 자신이라는 사실을 깨닫고, 낮은 자존감을 극복하고 다른 인간의 시선으로부터 자유로워지는 '자신과 마주하는 법'을 알려준다. 또한 인간의 모든 고민은 대인관계에서부터 비롯되기 때문에 대인관계의 고민에서 벗어나 행복에 가까워질 수 있는 '남들과 마주하는 법'도 알려준다. 그런가 하면 누구도 피해갈 수 없는 '생로병사와 마주하는 법', 그리고 지금 이곳에서 행복해지기 위한 '일상 속 행복 찾기' 등을 담아, 우리 삶에 주어진 과제에 대한 아들러의 명쾌한 실천 지침들을 모두 만날 수 있다.

## 행복에 다가가기 위한 첫걸음

『행복해질 용기』는 크게 1장. 행복해질 용기를 위한 아들러 심리학 2장. 행복하게 살아가기 위해 자신과 마주하기 3장. 행복하게 살아가기 위해 남들과 마주하기 4장. 나이듦을 행복하게 마주하기 5장. 일상 속에서 행복 찾기로 구성되어 있다. 그리고 이 큰 주제를 아들러 심리학의 구체적인 이론을 바탕으로 살면서 만나게 되는 삶의 과제인 일, 사랑, 관계, 병, 죽음을 대하는 생생한 실천 지침들을 담아내고 있으며 더 나아가 어떻게 하면 인생의 궁극적 목적인 행복에 다가갈 수 있을지를 이야기한다.

### ■ 행복해질 용기를 위한 아들러 심리학

아들러는 인간의 모든 고민이 대인관계에서 비롯된다고 말했다. 대인관계의 고민에서 벗어날 수 있다면 행복에 가까워진다는 뜻이다. 마주하는 상대방과의 관계 속에서 말과 행동의 의미를 살펴봐야 한다는 것이 아들러 심리학의 중요한 특징이다.

아들러가 창시한 개인 심리학은 분할되지 않는 통일된 전체로서의 개인을 고찰하는 심리학이라고 할 수 있다. 그래서 아들러는 인간을 정신과 신체, 감정과 이성, 의식과 무의식으로 나누는 다양한 형태의 이원론에 반대했다.

단순하고 행복하게 살 수 있는 열쇠는 원인론적 발상을 목적론적 발상으로 바꾸는 것에 있다.

첫째, 감정이 우리의 행동을 지배하는 것이 아니며, 따라서 스스로 감정에 대해 아무런 대처도 할 수 없는 것이 '아니다'라는 사실이다.(35)

둘째, 지금 자신이 불행한 이유는 과거에 원인이 있는 것이 아니다. 현재 불행의 원인이 과거에 있다면, 앞으로도 영원히 행복해질 수 없을 것이다.(35)

그러므로 지금 이대로는 안 된다고 자각하고, 지금의 자신을 어떻게든 바꿔야 한다고 마음먹기 위해서는 용기가 필요하다. 변하기로 결심했다면 어떻게 변화할 것인지를 알아야 한다. 어떻게 변화할 것인지가 목적이 된다. 하나하나의 행동은 자신을 위한 것이다. 그리고 그런 행동의 궁극적인 목적이 바로 행복이다.(36)

아들러는 "라이프 스타일을 스스로 선택한다."라고 하며, 이것이 아들러 심리학의 기본이다.

"인생이 복잡한 것이 아니라, 내가 인생을 복잡하게 만드는 것이다. 스스로 인생을 복잡하게 만들어서 행복한 삶을 방해한다. 인생에 대한 '의미 부여(라이프 스타일)'를 바꾸면 세상은 믿을 수 없을 만큼 단순해진다." 여기서 말하는 '의미 부여'라는 것은 인생이나 세상 혹은 자기 자신을 바라보는 방식이다.(40, 41)

■ 행복하게 살아가기 위해 자신과 마주하기

라이프 스타일이 바뀌면 무엇을 행복이라고 볼 것인지도 달라진다. 엄밀히 말하면 무엇이 행복을 가능케 하는 수단이라고 볼 것인지가 달라진다고 할 수 있다. 자기 자신을 좋아하지 못하는 것은 사실 자기 자신을 좋아하지 않기로 스스로 결정했기 때문이다. '나에게는 이런저런 단점이 있기 때문에 나 자신이 마음에 들지 않는다'가 아니라, '나 자신을 좋아하지 않기로 스스로 결정했기 때문에 이런저런 단점이 눈에 띈다'라고 할 수 있다. 끊임없이 남들의 눈치를 보며 살아야 하는 삶은 불행의 연속일 뿐이다. 자신을 잘 보이려고 노력하지 않아도 지금 당신을 있는 그대로 받아들여 주는 인간은 분명히 존재하기 때문이다.

> "자신을 위해 자신의 인생을 살아가지 못하면, 대체 누가 자신을 위해 살아갈 수 있는가?"(61)

부모를 비롯한 제3자로부터 듣는 속성 부여를 곧이곧대로 받아들일 필요는 없다. 오히려 다른 누군가가 무슨 말을 하든 자신과는 상관없다고 여겨도 괜찮다. 남들의 기대에 맞추거나 그 기대를 충족시키기 위해 살아갈 수는 없기 때문이다. 미움을 받는다는 것은 자유롭게 살기 위해 치러야 할 대가다. 반대로 말해 누군가가 자신을 미워한다면 그것은 자신이 자유롭게 살고 있는 증거라고 할 수 있다. 용기를 내어 타인의 기대에 부응하지 않는다고 결심하면 진정으로 자유로워질 수 있다. 남에게 무언가를 주거나 공헌할 때 자신을 뒷전으로 미루고 자기희생을 한다고 생각하기보다 남을 위해 행동하는 일 자체가 자신에게 기쁨이라고 생각하는 편이 좋다. 남들이 알아주거나 고맙다는 말을 해주지 않아도 그 행위 자체에 가치와 의미가 있다고 할 수 있다. 남들의 각별한 관심이 없더라도 남들에게 공헌하고 있다고 스스로 느낀다면 소속감은 덤으로 얻을 수 있게 되고, 소속감으로 충만한 자기 자신도 좋아지게 된다.

■ 행복하게 살아가기 위해 남들과 마주하기

다른 인간들의 평가에 신경 쓰지 않고 미움받기를 두려워하지 않는 것이야말로 자유롭게 살기 위한 핵심 요소이다. 인간은 남들의 도움 없이 혼자의 힘으로 살아갈 수 없다. 따라서 도움이 필요하다면 서슴없이 청하는 편이 좋다. 세상이 전혀 위험하지 않다고는 말할 수는 없지만, 위험이 발생했을 때는 자신을 지켜주려는 인간이 평소보다 훨씬 많이 나타난다는 사실에 한층 더 주의를 기울였으면 한다.

자신은 혼자서 완결되는 존재가 아니라 남들에게 그 존재를 빚지고 있으며, 이것은 남들도 마찬가지다. "나는 가능한 한 스스로 할 수 있는 일을 하겠다. 그리고 남들이 도움을 요청해온다면 가능한 한 받아들이겠다."

모든 경험은 그 자체로는 성공의 원인도 실패의 원인도 아니다. 우리는 자신의 경험에 의한 쇼크(이른바 트라우마)에 괴로워하는 것이 아니라, 경험 속에서 목적에 맞는 것을 찾아낸다. 자신의 경험에 의해 결정되는 것이 아니라, 경험에 어떤 의미를 부여할지 스스로 결정하는 것이다.(131) 그러면 어떻게 해야 좋을까? 아들러는 열등감을 줄여야 한다고 말한다. 열등감은 실제로 남들보다 뒤떨어진다는 사실이 아니라, 뒤떨어진다고 여기는 느낌이다.

많은 인간들은 사랑은 쉽지만, 사랑하는 인간을 만나기는 어렵다고 생각한다. 상대방만 있으면 연애를 성취할 수 있는 것처럼 여기는 것이다. 그러나 프롬의 말처럼 사랑하는 것도 능력이다.

> "만일 남성이나 여성 가운데 어느 한쪽이 결혼 후에 상대방을 지배하려고 든다면 결과는 치명적일 것이다." 두 인간이 힘을 합쳐 행복을 위해 노력하는 것이지, 누군가가 상대방을 행복하게 만드는 것이 아니다. 결혼을 위한 또 한 가지 올바른 준비는 공감 능력을 높이는 일이다. 아들러는 이를 두고 자신을 타인과 동일시하는 능력이라고 말했다.(141-144)

실패를 거듭하면서 서로의 라이프 스타일을 알아내고, 서로가 대등하다고 인식하면서 결혼 생활에서 맞닥뜨리는 문제에 대처해 가는 노력을 한다면 결혼이라는 과제를 적절하게 해결할 수 있을 것이다. 자신을 과소평가하면 '더 이상 따라갈 수 없다'고 믿어버리게 된다. 그러면 그것이 평생의 고정관념으로 작용해 더는 발전할 수 없게 되고, 늘 제자리걸음만 하게 된다. 그러나 할 수 없다는 고정관념을 버리면 발전할 수 있는 경우가 대부분이다.

다른 인간을 끌어내리고 자기만 행복해질 수는 없다는 생각이 아들러의 기본적인 개념이다. 나만 이기면 괜찮다고 생각하거나, 자신의 우월함을 남에게 과시하거나, 결과만을 중요시하는 것이 문제다.

■ 나이 듦을 행복하게 마주하기

인간은 고통이나 과거에 초점을 맞춘 물음, 즉 '왜 나에게 이런 일이 일어났습니까?'라는 물음에서 탈피하고 시선을 미래로 돌리려는 물음을 내놓아야 한다. 신도 비참한 사건을 막을 수 없다. 그러나 불행을 극복하는 용기와 인내력을 줄 수 있다.

> "모든 일은 시간의 흐름과 함께 움직이지만, 환자는 시간이 없는 해안에 떠밀려온 존재다."(206-207)

병에 걸려 시간이 사라지는 경험을 한 인간은 그 후 시간에 관해 이전과는 다른 견해를 갖게 된다. 이것이야말로 병에 걸렸을 때 배울 수 있는 소중한 지혜다. 인간이 살아가면서 절대 피할 수 없는 문제가 죽음이다. 고대 그리스의 철학자 에피쿠로스는 다음과 같이 말했다.

> "여러 가지 나쁜 것 가운데 가장 무서운 죽음은 우리에게 아무것도 아니다. 왜냐하면 우리가 존재할 때는 죽음이 존재하지 않고, 죽음이 존재할 때는 우리가 존재하지 않기 때문이다."(218)

주목해야 할 것은 인간 자체가 아니라 그 인간의 말이다. 몇십

년 전에 사망한 인간의 말이라도 누군가의 마음속에서 살아 숨 쉬고 있다면, 그 인간은 영원히 살고 있다고 할 수 있다.

■ 일상 속에서 행복 찾기

'지금은 가짜 인생이지만 이것만 이루면 진짜 인생이 시작 된다'는 식의 사고방식이 아니라, 지금 이 순간이 리허설이 아닌 '진짜 인생'이라고 생각해야 한다.(238)

현실이 어떻든 간에 '이상을 잃지 않는 것'과 '지금 이 순간을 사는 것'을 양립시켜야 한다. 인생의 마지막 날을 기다리지 말고, 또한 내일을 오늘의 연장선이라고 생각하지 말고, 오늘 하루를 만족스럽게 산다면 지금 이곳에서 행복해질 수 있다.(243)

### 변화를 두려워하지 않는 자, 행복해 질 것이다

용기가 필요할 만큼 행복을 꿈꾸는 것이 힘들고 어려운 일인가 하는 생각이 들었다. 또한 나이가 들고 죽음에 직면했을 때 나의 삶은 행복했노라고 말할 수 있는 용기를 나는 가질 수 있을까? 라는 질문도 던졌다.

아들러가 "자신감을 갖고 인생의 과제와 대결하려는 인간은 초조해하지 않는다."라고 말한 것처럼 인생의 과제를 가지고 있는 인간은 자신감도 갖고 있다는 것을 기억해야 한다. 이 세상에 불행해지고 싶어하는 인간은 아무도 없을 것이다. 그리고 누군가는 그렇게 행복하지는 않지만 지금 이대로도 좋다고 생각하는 인간도 분명히 있을 것이다. 그러므로 지금의 자신을 바꿔야 한다고 마음먹는 용기가 필요하다. 변하기로 결심했다면 어떻게 변화할 것인지를 생각하는 그 자체가 바로 목적이 된다. 하나하나의 행동은 자신을 위한 것이며, 그런 행동의 궁극적인 목적이 바로 행복이다.(36) 아들러는 행복에 관해 "인생이 복잡한 것이 아니라, 내가 인생을 복잡하게 만드는 것이다. 스스로 인생을 복잡하게 만들어서 행복한 삶을 방해한다. 인생에 대한 의미 부여(라이프 스타일)를 바꾸면 세상은 믿을 수 없을 만큼 단순해진다"라고 했다.(40) 지금의 자기 자신을 사랑하는 것부터 바꿔나가야 한다. 그 이유에 의미를 부여함으로써 스스로 행복해지게 만드는 것이다.

아들러는 "자신에게 가치가 있다고 생각할 때만 용기를 얻을 수 있다"라고 말했다. 여기에서 말하는 용기란 대인관계와 마주하는 용기를 말한다. 남들의 평가를 두려워하는 문제도 남들의 평가를 신경 쓴다는 것 자체가 우리의 삶에 남들이 관여하고 있다는 의미이다.

아들러는 인생에서 풀어야 할 과제가 있는데 이것은 오직 대인관계에서만 풀 수가 있다고 한다. 그러므로 인생의 과제를 해결하기 위해서는 타자에 대한 관심이 발달되어야 한다. 왜냐하면 인생의 과제는 곧 대인관계를 말한다. 도와주고 도움을 받는 관계이기 때문이다.

우리가 자신의 모습을 조금씩 바꾸겠다고 결심하는 순간에 변화가 시작된다. 삶의 자세가 달라지면 당연히 수반되는 변화이다. 그것이 행복해질 용기인 것이다.

## 4 인간들이 행복했으면 좋겠다

인간을 제외한 다른 동물에게는 아마 행복에 대한 개념이 필요 없을 것이다. 물론 다른 동물들도 좋아하고 만족감을 느끼는 감정은 있을 것이다. 그러나 동물에게는 논리적이고 체계적이며 통합적으로 사고하는 능력이 없기 때문에 오직 인간만이 행복하다고 느낄 수 있다. 왜냐하면 인간만이 생각하는 능력을 가지고 있기 때문이다. 또한 인간이라면 행복이란 무엇인가라는 질문을 한 번쯤은 가져 보았고 그에 대해 고민해 보고 답을 찾기 위해 노력했고 지금도 노력하고 있을 것이다. 그러나 한 가지 분명한 사실은 행복은 자신이 지금 어디에서, 어떤 마음을 가지고 있고, 자신이 임하고 있는 일들에 있어 만족을 하고 있는지 없는지가 그 핵심이라는 것이다. 그러기 위해서는 '나는 지금 어디에서 무엇을 하고 있는가'에 대한 깨달음이 우선되어야 한다. 그리고 내가 지금 느끼고 있는 감정은 어떤 감정인지, 지금 내가 하고 있는 일이 나에게 기쁨과 즐거움을 주는 지 아니면 슬픔과 절망을 주는지를 스스로가 판단해서 느껴야 한다.

우리 주변을 살펴보면 다른 인간이 보기에 매우 행복해 보이는 직업을 가진 이도 자신이 그런 일을 통해서 기쁘지 않다면 그것은 기쁜 것이 아니라고 볼 수 있다. 반면에 다른 인간들이 보기에 힘들어 보이는 일이라도 자신이 그것을 통해서 삶의 만족을 얻고, 자아를 성취할 수 있다면 그것은 기쁜 일이며 지속되어야 한다. 그것이 만족인 것이다.

행복의 시작은 자신이 어떤 마음가짐을 가지고 있는가를 살펴보는 것이다. 마음가짐을 갖는 것이 행복의 시작인 이유는 결국 이 삶을 살아가는 주체는 자기 자신이며 자신이 선택한 결과에 대한 책임 역시도 자신이 져야 하는 것이기에 그 시작의 색깔을 정하는 것 역시 자신의 몫이다. 결국 '행복은 이런 거야'라고 정해 놓으면 거기에 갇혀 버리게 된다. 행복은 다양한 모습을 하고 있고, 내가 어떻게 받아들이느냐에 달려 있다.

세잎 클로버의 꽃말은 행복이다. 네잎 클로버의 꽃말은 행운이다. 행복과 행운은 이파리 하나의 차이인 것이다. 그러나 우리는 눈에 보이지 않는 행운을 잡기 위해 우리 주변에 소소하게 펼쳐진 행복의 순간들을 놓치고 있다. 행복은 맛있게 차려진 저녁 식탁에 앉았을 때, 친구들과 만나서 따뜻한 커피 한 잔을 마실 때,

힘든 하루를 보낸 후 지하철을 타고 집에 가는 길에 듣는 노래, 주말에 산책을 하며 바라본 하늘 등 그런 순간순간에 우리는 행복을 느낀다. 행복은 언제나 가까운 곳에 있다. 다만 우리가 알지 못할 뿐이다. 발견하지 못할 뿐이다. 행운의 네 잎 클로버는 수 많은 세 잎 클로버들 사이에 숨어 있다. 다시 말하면 행운은 우리가 많은 행복을 감사하게 생각하고 누리며 살아가고 있을 때 찾아 오는 것이 아니라 발견할 수 있는 것이다. 지금 이 순간 내가 가진 모든 것에 감사할 수 있다면 우리 삶 곳곳에 흩어진 작은 행복들을 발견하는 것쯤은 쉬운 일이 될지도 모른다. 그리고 그 행복 사이에 수줍게 숨은 행운을 발견할 수도 있을 것이다.

모든 인간들이 행복했으면 좋겠다. 행복을 찾는 방법을 모르는 인간들에게는 행복이라는 것이 결국 자신과는 관련 없는 단어일지 모르지만, 지금 이 책을 읽고 있는 당신이 찾은 행복의 방법을 자신에게도 적용해보고 다른 인간들에게도 알려준다면, 당신은 지구보다 더 넓고 우주보다 더 광대한 행복의 숲을 가지게 될 것이다.

# 생각거리, 볼거리, 읽을거리

## / 생각거리

1. 인간이 노력한다면 정말 행복해 질 수 있는지에 대한 생각을 나눠보자.
2. 행복을 추구함에 장애물이 되는 것에는 무엇이 있는지 의견을 나눠보자.
3. 가난한 인간들이 부자들보다 행복지수가 높다는 것에 수긍이 되는지에 대한 생각을 나눠보자.

## / 볼거리

〈행복을 찾아서〉, 가브리엘 무치노 감독, 2007.

〈트윈스터즈〉, 사만다 푸터먼, 라이언 미야모토 감독, 2016.

〈업〉, 피트 닥터, 밥 피터슨 감독, 2009.

## / 읽을거리

소노 아야코. 『약간의 거리를 둔다』, 김욱 역. 책 읽는 고양이, 2016.

안셀름 그륀. 『하루를 살아도 행복하게 : 다른 누구도 아닌 온전한 나로 살아가는 하루』, 이미옥 역. 봄 고양이, 2017.

조지 베일런트. 『행복의 조건 : 하버드대학교·인간성장보고서』, 이덕남 역. 프런티어, 2010.

# 03

# 고통

## 1 말하고 듣기 부담스러운 말, 고통

인간들과 만나면 익숙하게 묻는 말이 있다.
잘 지내니?
조금 힘들어 보이거나, 아파보이면
괜찮니? 라고 물어본다.
요즘은 인간들에게 자주 괜찮니?라는 말을 입에 붙이고 사는 것 같다.
인간들은 괜찮다고 답을 한다. 그럼 그렇지. 라고 말하지만 어떤 때는 마음이 아프기도 한다.
내가 상대방을 생각하지 않고 너무 익숙한 나의 인사법으로 말하는 것 같기도 하다.

한 블로그에 올라온 글이 젊은 인간들 삶의 모습을 담고 있는 것 같다.

괜찮다는 말에는 여러 가지 뜻이 있는 것 같다.

괜찮다. 그래 괜찮아지고 싶다. 진짜
괜찮다. 진짜 괜찮아.
괜찮다. 안 괜찮은데 누구에게 티내고 싶지 않아.
괜찮다. 짜증나는데 너한테 감정 낭비 하기 싫어서 넘어가는거다.

우리는 살아가면서 수업시간에 늦지 않기 위해 급히 뛰어가다가 누군가와 부딪히기도 하고, 눈병에 걸려 발생된 사소한 몸의 통증을 느끼기도 하고, 불치의 병으로 서서히 죽어가며 고통을 받기도 한다. 학교에서 친구로부터의 따돌림으로, 연인과 헤어짐으로, 사랑하는 가족을 먼저 보냄으로 심리적 어려움을 겪기도 한다. 가난과 자연재해나 인재로 인해, 입시제도와 정치제도에 의해, 전쟁과 경제적 위기로 인해 모든 인간들이 육체적, 정신적 고통을 당하기도 한다.

그러나 인간의 삶이 고통만 있는 것은 아니다. 계속되는 휴식 속에 느끼는 하루의 쉼과 고된 일을 한 후의 쉼과 먹는 음식의 맛은 다르다.

우리가 살고 있는 삶에 어려운 일이 없었으면 좋겠는데, 인간들과 살다보면, 조직 속에서 살다보면, 사회 속에 속하다보면, 여러 가지 일들을 겪게 되고, 어떨 때는 즐겁지만, 어떨 때는 힘들다는 생각조차 들지 않을 때가 있다.

혹시 이 책, 이 부분을 읽는 인간들에게 앞으로의 글들은 힘들 때 읽으면 더 힘들게 하는 글이 되지 않을까?라는 걱정이 된다. 주제가 고통이니만큼.

인간들은 고통을 '몸이나 마음의 괴로움과 아픔'이라고 설명하고 있다. 괴로움은 '몸이나 마음이 평안하지 않는 상태나 느낌(또는 고통스러운 상태)'이라고 한다. 아픔은 '육체나 정신이 괴로운 느낌'이라고도 한다. 고통이라는 것은 몸과 마음이 평안하지 않고, 괴로운 상태나 느낌이라고 풀어 설명할 수도 있다.

고통은 상대적이고 주관적이라고도 할 수 있다. 인간들마다 상황에 따라 어떤 인간은 고통을 느낄 때 쓰라리다, 괴롭다, 아프다라고 표현하기도 한다. 반면에 어떤 인간들은 조금 힘들다, 그래도 견딜만하네 라고 말하기도 한다. 인간이 몸이 다치거나, 병이 나거나, 어떤 일을 하다가 어려움을 느낄 때에 어떤 인간은 괴로워하기도 하고, 어떤 인간에게는 지나가는 일로 여길 수도 있다. 인간들마다 고통의 강약도 다 다르게 느낀다.

고통당하는 인간은 아프고, 말로 표현할 수 없는 아픔을 경험하지만, 주변의 가까운 인간, 심지어 가족까지도 당사자가 고통당하고 있는지 조차 모르기도 하고, 나아가 고통의 정도를 당사자가 나타내는 증상을 통해 자신의 경험에 근거하여 추정할 정도이다.

고통은 인간을 무기력한 상황으로 만든다. 그러기에 고통은 수동적이다. 인간의 감각은 수용적이며 능동적인 활동을 한다. 그러나 고통은 일방적으로 당하는 수동적 경험이다.[36]

인간은 의미를 추구하며 질문하는 존재이다. 고통은 괴로운 것이기에 당사자와 우리가 왜 고통을 당해야 하는가? 무엇 때문에 고통스러워야 하는가라는 질문을 제기한다. 고통의 의미를 찾지 못할 때에 견디기는 의미가 주어졌을 때보다 더 견디기 어렵다.[37]

개인은 고통을 느끼게 되면 부정적 정서를 경감시키고자 하는 욕구가 상승되고, 타인의 고통을 회피하는 경향이 있다.[38]

### 인간은 인간들 속에서, 환경 속에서 살아간다.

인간은 많은 인간들과 함께 살면서 다양한 일들을 겪게 되고, 한 인간의 행동이 다른 인간에게 영향을 끼치기도 한다. 이 영향이 인간에게 긍정적일 수도 있고, 부정적 영향일 수도 있다. 한 인간의 행동, 말 한마디에 용기를 갖기도 하고 삶의 희망을 잃어버리기도 한다. 인간은 인간들 속에서 즐거운 일이 있을 때에 기쁨을 나눔으로서 기쁨이 배가 되기도 한다. 슬픈 일이 있을 때에 슬픔을 함께함으로서 고통이 줄어들기도 한다. 물론 모든 경우가 다 맞는 것은 아니다.

인간은 사회 환경 속에서 다른 인간에게 도움을 주기도 하고, 한 개인이 인간으로써의 삶을 살아가도록 도움을 받기도 한다. 사회 속 의료, 법률, 종교, 교육, 복지 등을 통해 각 개인은 사회 구성원으로 건강한 삶을 추구해 왔다. 물론 이런 것이 이상향일 수 있다. 정치가들은 정치로, 법률가들은 사회정의를 통해, 종교인들은 평화와 사랑을 통해 건강한 삶을 추구한다. 이들의 바람대로 사회구성원들과 인류가 바라는 삶을 살아가면 좋지만, 역사는 우리의 기대와 다른 모습을 우리에게 말하고 있다.

현실에서 사회는 다양한 갈등이 발생하거나 갈등이 내재되어 있다.

인류 역사에서 인간은 한 분야에서 변화나 혁신이 계기가 되어, 개인과 가정, 시장과 경제, 사회와 국가 전반에 영향을 미치고 변화시켜왔다. 이러한 시도와 변화는 인간의 삶을 편리하게 하였다. 반면에 각종 문제를 발생 시키거나 다양한 인간과 사회 속 이해관계의 충돌이 발생하기도 했다. 빈부격차는 양극화된 부의 문제로 계층간 갈등을 초래하고, 취업, 진로 등의 사회 경제적 문제가 증가하였다. 사회는 경제적 성장을 이루었지만, 사회에 내재된 불만과 갈등이 사회 내 이념갈등, 세대갈등 등 사회 정치 속에서 갈등은 증가하고 있다. 많은 인간들이 새로운 정책과 사회의 변화를 시도하고 있지만, 사회의 구성원들의 요구가 반영되지 않거나 갈등이 더 커지기도 한다.

### 인간은 사회에서 가해지는 힘으로 인해 고통을 받는다.

사회가 사회구성원인 개인에게 정치, 경제, 제도, 법률에서 발생되는 힘을 통해 고통의 원인을 제공하기도 한다. 사회구성원인 개인은 다양한 사회문제인 법률, 도덕, 정치, 종교, 주거, 취업, 난민 등의 사회문제에 포함되거나 사회이슈에 연관 될 수밖에 없다. 개인이 이로 인해 발생된 사회문제에, 힘인 권력에 반응하거나 대응할 때 개인적 차원의 고통을 느낀다. 한 인간의 몸과 정신에 가해진 사회적 힘이 인간에게 고통으로 남을 수 있다. 아서 클라인만과 비나 다스는 개인은 사회의 제도와 통제에 의해 무력화되어 개인 고통은 깊어지고, 개인 고통의 경험은 가족과 공동체에 깊은 상처를 남기게 된다고 말한다.

사회적 고통은 사회적 힘이 인간에게 줄 수 있는 파괴적인 상처들의 원인과 결과 그리고 이로 인한 여러 가지 문제점을 포함하는 개념이다.[39]

사회적 고통_뇌학자들은 신체적 고통와 같이 사회적 관계 결핍이 실제 고통을 느끼게 만든다. 사회적 고통 즉, 사회적 거부나 사회적 상실의 경험은 모든 신경회로로부터 유래하며 우리의 신체적 고통을 유발한다.[40]

학살이나 폭력이나 전쟁으로 야기된 사회적 고통은 당사자와 주변의 기억에만 남은 사건 아니라, 사회와 집단 전체 속에서 이야기와 기념의 장소를 통해 집단의 기억과 의미 속에 남게 된다. 전진성, 역사가 기억을 말한다.[41]

사회적 고통이란 개인이 원했던 관계를 형성하지 못하였거나 혹은 상대방이나 집단으로부터 평가절하되었을 때 특이적으로 느낄 수 있는 감정적 반응이다. 이러한 감정은 따돌림, 사랑하는 인간의 죽음, 집단으로부터의 분리 등 다양한 요인으로부터 느낄 수 있으며, 극단적인 사회적 고통의 경우 향수병, 버림받는 경험 등으로부터 느낄 수 있다.[42]

## 2 안네 프랭크, 『안네의 일기』

### 안네 프랭크를 브이로그하다.

shutterstock.com • 141543253

안네 프랭크(Anne Frank)는 1929년 6월12일 독일의 프랑크푸르트에서 아빠 오토 프랭크(Otto Heirich Frank)와 엄마 에디트 프랭크(Edith Frank)의 둘째 딸로 태어났으며, 세 살 위인 언니(Margot Frank)가 있었다. 안네는 독일에서 태어난 유대인이었다.

*유대교를 믿는 유대인들은 다양하다. 그들 중 외모와 옷차림, 종교 전통과 관습, 절기를 철저히 지키며, 유대인 공동체 중심으로 살아가는 보수적 유대인이 있는 반면에 비유대인과 함께 살면서 유대교 전통과 관습을 철저하게 지키지는 않지만 그 시대에 맞게 살아가는 자유주의적인 유대인들이 있다.

안네의 가족은 자유주의적 유대인에 속하지만, 유대인의 전통의 습관을 간직하고 살아가는 가정이었다. 아빠는 학문적인 활동에 관심이 있었고, 안네의 부모님은 자녀들에게 책 읽기를 권하며, 마치 작은 도서관과 같이 다양한 책들을 갖고 있어서, 쉽게 책과 가까이 할 수 있는 환경에서 자랐다.

오토 프랭크는 과일 추출물인 펙틴을 판매하는 Operta Works를 함께 설립하고 운영하자는 제안을 받았다. 1933년 아돌프 히틀러(Adolf Hitler)의 나치(Nazi) 당이 선거에서 승리한 후에 유대인에게 어려움이 가해지자 약 300,000명 유대인들이 독일을 떠나 다른 유럽의 국가로 이주하게 되었다. 이러한 배경 가운데 안나 프랭크 가족도 1934년 2월 프랑크푸르트를 떠나 암스테르담으로 이주하게 된다. 프랭크 가족은 이주한 1932년부터 1942년까지 살았던 4층 건물인 Merwedeplein에서 살게 되었다.

안네는 암스테르담에서 언니와 함께 학교(Montessori school)를 다니게 되었다. 이 때 학교를 같이 다닌 안네의 친구들에 의하면 안네는 읽기와 쓰기에 관심을 가졌고, 종종 글을 썼지만, 다른 인간들에게 보여주거나 글 쓰는 것을 숨겼다고 한다.

히틀러의 독일은 1940년 5월 네덜란드를 침략하였고, 유대인들을 차별하고, 제한하는 법률을 제정하고 유대인들을 강제등록하고 다른 인종과 분리하고, 거주와 생활을 박해하는 법을 시행하였다. 히틀러를 피해 네덜란드로 이주했던 프랭크 가족은 미국으로 다시 이주하고자 시도했지만, 비자 서류의 분실, 영사관의 폐쇄, 독일 거주 유대인의 스파이 가능성으로 이주에 실패하게 된다. 오토 프랭크는 유대인 소유 재산이 몰수되기 전 회사 주식과 재산을 Jan Gies의 회사로 이전하면서 가족들을 돌볼 수 있는 수입을 갖게 되었다. 동시에 안네와 언니는 유대인들만이 다니는 학교로 옮겨서 다른 인종과 분리된 생활을 하게 되었다.

안네는 아빠로부터 1942년 생일에 작은 자물쇠가 있고 붉고 흰색 천으로 묶여 있는 책을 선물 받게 된다. 안네는 이 책에 키티라는 이름을 붙여주며, 일기장으로 쓰기로 하고, 그날부터 글을 쓰기 시작했다. 1942년 7월 6일 히틀러의 유대인에 대한 박해와 분리와 강제이주가 심해지자 안네의 가족은 자신들의 은신처를 옮기게 되고, 아빠 사무실에 있는 3층 공간에 숨게 된다. 숨어 있는 장소는 아크테르후스(Achterhuis)로 알려진 곳이다.

프랭크의 가족이 숨어있도록 도와준 몇몇 직원들은 외부세계와 지방의 거주자를 연결해 주면서 먹을 것을 제공해 주었고, 밖의 소식인 전쟁과 정치 상황들을 이들에게 전달해 주는 역할을 했다. 이들의 목숨을 건 도움과 갑작스러운 피신과 은신으로 인한 스트레스와 공포를 잘 해결하기 위해 가족들은 헌신과 노력을 했으며, 특히 안네는 일기를 통해 자신의 사춘기로서의 감정, 생각 등을 표현하면서 이 시기를 견뎌내고 있다.

1944년 8월 4일 아침 독일 경찰에 의한 집의 수색으로 인해 그들의 은신처는 밝혀지게 되었고, 체포된 그들의 가족은 범죄자로 간주되어 고된 노동을 위한 웨스터보크 수용소(Westerbork concentration camp)로 보내어지게 된다. 안네는 히틀러의 독일에 의해 유대인 수용소에서 오랜 굶주림과 질병으로 언니와 함께 장티푸스에 걸려 수용소가 연합군에 의해 해방되기 전인 1945년 안네의 나이 16세에 일생을 끝마쳤다.

### 안네의 일기를 읽다.

1945년 유일한 생존자인 안네 아빠의 손에 책이 들어가게 되고, 1947년 네덜란드어 책으로 출판되었다. 전쟁 속에서 고통 받은 한 소녀의 일기가 전세계의 인간들에게 다양한 언어로 번역되어 인간들의 마음을 움직이고, 여러 나라에서 연극과 영화 또한 작품의 모티브로 사용되었다.

이 일기는 사춘기를 겪는 소녀의 관점에서 성장해 가는 모습을 볼 수 있고, 고통을 주게 된 세상에 대한 비판, 어른 세계에 대한 모순된 모습, 고통을 겪으면서 용기와 희망을 잃지 않고 살아가는 모습을, 안네 자신의 일상을 유일하게 표현해 낼 수 있는 일기장에 그의 생각과 감정을 글로 써 표현해가며, 세상과 대화하고 있다.

아빠인 오토 프랭크는 안네가 숨어서 본 사실을 정확하게, 느낀 감정과 생각들을 세밀하게 기록한 줄 몰랐다고 말했다. 가족을 먼저 보내고 혼자 남겨진 아빠가 일기를 읽는 것은 외로움과 가슴 먹먹함이 있지만, 딸이 기록한 일기를 읽으면서 딸의 생각과 감정을 느꼈을 것이다. 주변 인간들의 반복적인 권유로 혼자만의 이야기가 아니라, 모든 인간을 위한 이야기로 출판하게 되었다.

1946년 오토 프랭크에게 일기를 받은 역사가인 Annie Romein

Vershoor가 Het Parool 신문에 '어린이의 목소리(Kinderstem)'라는 제목으로 기사를 게재하면서 인간들과 출판사의 관심을 끌게 되었다. 출판할 때 안네의 원본이 그대로 출판되지는 않았다. 사춘기 소녀의 자연스러운 성적인 호기심과 몇 부분의 내용들은 출판에서 제외되었고, 등장인물들의 일부는 가명으로 기록되었다. 후에 아빠인 오토 프랭크가 몇 부분을 편집하거나 보충했다는 논의도 나오고 있다.

1950년 이후 독일과 프랑스, 영국, 일본에서 다양한 언어로 출판되면서 전 세계에 안네 프랭크가 전쟁으로 고통 받은 대표적이고 상징적인 청소년으로 여겨졌다.

전쟁으로 고통 받는 상징으로『안네의 일기』는 미국에서 드라마로 만들어지고, 영화로 만들어져서 평론가에게 호평과 흥행에도 성공을 거두게 되었다. 이러한 대중문화와의 만남으로 안네의 일기는 전쟁의 고통 받은 청소년의 이미지에 낭만적이고 감성적인 이미지가 더해져 대중에게 급속히 알려지게 되었다. 특히 미국에서는 학교 글 읽기 시간의 커리큘럼에 선정되었다. 청소년들이 책을 읽으며 안네의 이야기와 당시의 시대 상황과 고통을 알게 되는 계기가 되었다.

안네의 일기를 모티브로 한 작품들이 있다. 예를 들어 실화를 바탕으로 2007년에 만들어진 Freedom Writers라는 영화가 있다. 고등학교에 처음 부임한 교사가 인종차별과 사회적 환경이 어려운 고통 속에서 미래에 대한 희망과 꿈을 생각하는 것조차 말할 수 없는 학생들에게 글읽기와 글쓰기 수업을 통해 현실의 삶을 넘어 꿈을 향해 나가는 이야기이다. 이들이 글읽기 시간에 접하는 책중에 그들의 삶의 어려운 환경과 고통보다 더한 안네의 일기라는 책을 읽고 자신의 삶을 돌아보게 된다. 전쟁 중에 숨어 있던 안네와 어려운 환경 속에서 숨어 살고 있는 자신의 현실을 통해 자신의 삶을 돌아보게 된다. 이들은 안네의 일기를 통해 홀로코스트 기념관과 홀로코스트 경험자들과의 만남을 통해 희망과 용기를 갖고 도전하는 삶을 추구하게 된다.

### 소녀 안네의 일기장이다.

한 소녀의 일상이 담겨진 일기장이다. 그가 살아가면서 보고, 경험한 일상을 담고 있다. 자라나는 소녀의 일상에서 특별한 삶의 환경에 놓여지게 된다. 사춘기소녀로서 2차 세계대전의 중심부를 경험하고, 전쟁의 고통에 대해 숨어지내야 하는 은신처의 환경에서 다양한 생각과 감정을 솔직하게 써내려가는 내용이다. 소녀의 고백을 통해, 소녀의 사춘기를, 당시 사회적 환경에서 주어진 고통을, 숨죽이는 은신의 긴장감을 통해 수많은 인간들에게 전해

주는 이야기가 감동을 전해준다. 책의 내용은 키티라고 불리는 일기장과의 만남, 은신의 생활의 감정과 생각, 그리고 바람들을 시간 순으로 기록하고 있다. 그 중의 일부의 일부는 다음과 같다.

1942년 6월 20일 토요일

내 일기에 대해서 먼저 생각해 보고 싶었거든. 나 같은 아이가 일기를 쓰다니, 정말 이상한 일이야. 지금까지 일기를 써 본 적이 없을 뿐 아니라 열세 살 여학생이 비밀을 털어놓는 것에 대해 나는 물론이고 다른 인간들도 관심이 있을까 싶어서 말이야. 하지만 그게 무슨 상관이야? 난 일기를 쓰고 싶고, 무엇보다도 내 마음 깊이 묻혀 있는 모든 것들을 끄집어내고 싶거든.

그래서 이 일기장을 선택한 거지. 내가 오랫동안 기다려 온 친구를 눈앞에서 보기라도 한듯 일기장에다 모든 사실을 구구절절 털어놓지는 않을지도 몰라. 대신 이 일기장을 내 친구로 삼아서 '키티'라고 부를 거야. 그러면 내가 무심코 키티라고 말한다 해도 내가 무슨 말을 하는지 아무도 모르겠지.(8-10)

1943년 1월 13일 수요일

매일 밤 수백 대의 비행기가 네덜란드를 지나 독일의 마을로 가 폭격을 퍼부어 쑥대밭을 만들어. 소련과 아프리카에서는 매 시간 수백, 수천 명의 인간들이 죽어가고 있고. 아무도 이 현실에서 벗어날 수 없어. 온 세계가 전쟁을 벌이고 있는 지금, 연합군에게 유리한 상황이라 하더라도 전쟁은 끝이 보이지 않아.

(중략)

전쟁이 가지고 온 고통에 대해서 몇 시간이고 이야기할 수 있지만 그럼 내 자신이 더욱 비참하게 느껴질 것 같아. 우리가 할 수 있는 일이란 이 고통이 끝날 때까지 조용히 기다리는 일뿐이지. 유대인과 기독교인 그리고 온 세상이 고통이 끝나기를 기다리는 거야. 죽음을 기다리는 인간들도 많겠지.(62-63)[43]

## 3 찰스 디킨스, 『올리버 트위스트』

큰 인기를 누린 찰스 디킨스를 이야기하고 싶다.

영국의 2대 도시인 버밍엄 Town Hall에 다음과 같은 기록이 있다.

1853년 12월에 찰스 디킨스가 처음 대중을 위한 책읽기를 여기서 가졌다. 찰스 디킨스는 Christmas Carol을 선택하였다.

찰스 디킨스는 한 지역의 대표적인 건물 소개에 이름이 오를 정도로 빅토리아시대인 19세기 영국뿐만 아니라 지금까지 인간들에게 사랑을 받고 있고 인기를 누리는 대표적인 소설가이자 사회비평가이다.

비평가 중의 일부는 찰스 디킨스가 독자를 너무 의식해 소설에 등장한 인물이 지나치게 감상적이라는 비평도 하지만, 그의 소설에 등장한 인물의 감정이나 상황을 잘 묘사하고, 소설의 인물을

세상에 가장 잘 알려지게 한 천재 소설가라고 평하기도 한다. 또한 혹자는 당시 찰스 디킨스의 인기가 영국을 대표하는 작가인 셰익스피어에 가까웠다고 말하는 인간이 있을 정도였다.

그의 소설들은 지금도 전 세계 널리 읽혀지고 있다.

찰스 디킨스(Charles John Huffam Dickens)는 1812년 2월 7일 영국 남쪽 바닷가의 포츠머스라는 도시에서 태어났다. 아빠 John Dickens와 엄마 Elizabeth Dickens의 8남매 중의 둘째로 태어났다. 그의 아버지는 해군의 급여 담당부서의 하급서기관이었다. 찰스 디킨스가 가족과 함께 11살까지 보낸 Chatham에서의 삶은 그를 매우 행복하며, 잘 보살핌을 받은 소년으로서 전체 삶의 중요한 성품들을 형성하였다. 특히 그는 어린 시절에 야외에서 사물을 관찰한 것과 어린 시절 읽은 소설과 경험의 기억들이 이후 자신의 소설이나 글에서 등장한 인간들과 사건들에 영향을 미쳤다.

12살 때 빚을 지고 감옥에 간 아빠의 영향으로 찰스 디킨스는 2시간을 걸어 구두약 공장에서 견습생으로 힘든 노동을 하고 다시 걸어 누추한 집으로 돌아가야만 하는 생활을 반복해야만 했다. 당시의 아빠는 좋은 인간이었지만, 재정관리가 부족했고, 엄마는 허영심이 많았으며, 자식을 학교에 보내는 것을 반대할 정도로 자식의 교육에 관심이 없었다. 후에 디킨스는 이 시기는 당시 말할 수 없는 영혼의 고통의 시기였다고 말하고 있다. 굴욕감을 느꼈던 시기라고 묘사한다. 이러한 그의 어린 시절의 고통의 경험이 어린 아이들의 어렵고 고통스러운 삶의 환경에 쉽게 공감하면서 그의 작품에 반영하였다.

그는 15세까지 4년정도의 정규교육을 비정규적으로 받으면서, 공부와 일을 병행할 수 밖에 없었다. 이러한 고단한 삶을 살면서 때로는 격렬하면서 그러나 차별받거나 불평등한 노동은 디킨스에게 영향을 주었고, 나중에 그의 소설과 에세이에 등장한 인물에 투영되어 나타나기도 했다. 또한 어떻게 그가 어린 나이에 쉽게 이런 삶에 처해질 수 있는지에 궁금해 하면서 사회 경제와 노동의 불합리한 상황에 대해 관심을 가지게 된 계기가 되었다. 디킨스 자신의 삶과 근로자 계층의 인간들이 살았던 삶의 모습에서 나타나는 안타까움과 사회정의는 그의 작품에서 주요한 주제가 되었고, 소설의 많은 부분에서 배경이 되거나 그들의 삶의 고통을 나타내기도 했다.

디킨스는 15살에 변호사 사무실에 근무하면서 고객, 변호사, 사무장들의 행동 모방을 잘 했으며, 그가 일하는 동안 주변의 극장에 매일 방문할 정도로 연극에 빠져들었다. 이는 여유시간에 배운 속기기술로 프리랜서 기자로서 의회 보도지인 '미러 오브 파알러멘트'의 기자가 되었으며, 법률 사무실에서 배운 지식과 자료들을 통해 법률제도의 음모와 상황에 따라 적용되는 법으로 인해 가난한 인간들에게 벌이나 짐을 부여하는 상황에 대해 관심을 갖게 되고 이를 기사화하면서 그의 글이 조금씩 알려지기 시작하였다. 이때부터 틈틈이 작품을 쓰고 신문이나 잡지에 글을 기고하면서 작가의 꿈을 키워가기 시작하였다.

1836년 그동안 발표한 작품들을 모아 『보즈의 스케치집』을 펴냈고, 소설 『피크윅 문서』를 연재하며 발표함으로써 작가로서 대중들에게 큰 인기를 얻어 전업작가가 되는 계기가 되었다. 이후 본인이 편집장으로 있는 벤틀리즈 미셀러니라는 월간잡지에 『올리버 트위스트』의 글을 쓰기 시작했고, 몇 몇 희곡의 에피소드를 글을 쓰게 되었다. 예를 들면, 『니콜라스 니글비』는 요크셔의 한 기숙학교에서 학생들이 학대받는다는 이야기를 듣고, 자료를 수집하여 작품을 만들었다. 장편소설인 『골동품 상점』과 역사소설인 『바아나비 러지』의 연재를 통해 대중적인 큰 인기를 얻었다. 1843년에는 매년 크리스마스를 소재로 작품을 출판하였다. 자린고비의 인물로 잘 알려진 스크루지라는 인물을 통해 가진 자의 횡포를 고발하고, 가난한 자의 안타까움을 공감하는 작품으로 동화 같은 이야기를 만들어 발표하여 지금까지도 회자되는 작품이다.

찰스 디킨스는 자신의 경험을 통해 사회의 실상과 인간들의 생활을 때로는 생생하게, 때로는 풍자와 유머를 사용하여 사회의 모순과 부조리들을 비판하거나 때로는 투쟁해 나갔다. 1849년의 대표적인 작품인 『데이비드 코퍼필드』의 오우거라는 거인을 통해 사회의 모순과 잘못에 대항하여 개인이 비판하고 투쟁하는 모습을 작품에 담고 있다. 이전까지 다수의 그의 작품이 개인의 경험을 토대로 인물의 개인적 성장을 다루었다면, 이후에는 사회의 어두운 점과 조직의 잘못과 고통에 대해 다각도에서 조명하는 작품을 발표했다. 1853년에 발표한 공장의 파업 관련된 작품인 『고된 시기』, 자신의 경험을 토대로 만든 『어린 도릿』은 자본주의의 어두운 사회실정을 다룬 사회소설이라는 평가를 받았다.

그는 깊은 종교적 신념을 지닌 인간으로서 그리스도의 형상을 존중했다. 특히 『우리 주님의 생애』라는 예수 그리스도의 생애에 관한 짧은 종교적 작품을 썼으며, 그의 자녀와 가족들에게 신앙을 가르칠 목적으로 작성하기도 했다. 그러나 종교기관의 위선과 기독교의 본질적 정신에서 벗어난 교회의 모습에 대해서는 비판을 가했다.

디킨스는 섬세한 관찰력과 자신이 경험한 인간들을 그의 작품의 인물로 등장시키는 경우가 많았다. 예를 들면, 디킨스가 쓴 소설 『데이비드 코퍼필드』에서 중심인물인 미커버와 비클비씨는 그의 부모를 토대로 작품의 인물을 만들어갔다. 찰스 디킨스의 경험에 의해 그의 작품에 자주 등장하는 아빠는 허점이 많거나 감옥생활을 하고, 엄마는 자녀의 장래를 고려하지 않는 무지한 인물로 묘사되기도 한다. 이를 통해 겪게 되는 사회와 조직의 어두운 점을 묘사하기도 한다.

찰스 디킨스는 1870년의 여왕이 수여하는 작위수여를 거부하고, 추리소설인 『에드윈 드르우드의 비밀』(the mystery of edwin drood)을 연재하다가 찰스 디킨스는 1870년 6월 8일에 Edwin Drood에서 하루 일을 마친 후 집에서 뇌졸중으로 의식을 회복하지 못하고 죽었다. 디킨스는 그가 어린 시절을 보낸 로체스터의 교회에 큰 비중 없이 개인적인 장례를 원했지만, 성서와 세엑스피어 다음으로 가장 많은 읽혔다는 그의 책들과 그의 천재적이고 창의력으로 만든 작품의 인물들을 사랑한 영국민에 의해 웨스트민스터 사원의 poet's coner에 묻히게 되었다.

인간들은 그를 이렇게 기록했다. '영국의 가장 인기있던 작가

shutterstock.com • 433573618

인 찰슨 디킨스는 58세인 1870년에 그의 거주지인, 캔드 로체스터 주변 Highham에서 세상을 떠났습니다. 그는 가난한 자, 억압받던 자, 고통받는자와 함께 동행한 인간입니다. 그의 죽음으로 영국에서 가장 위대한 한 작가들 중의 한 인간을 잃었습니다.'[44]

## 올리버 트위스트를 책으로 만나다.

『올리버 트위스트』는 초기 빅토리아 시대의 작품으로 산업혁명 이후 사회에 나타난 폐해를 풍자와 비판함으로 엄청난 인기와 사회적 파장을 일으킨 찰스 디킨스의 대표적인 장편소설이다.

1837년과 1838년 사이에 연재 되었으며 이후에 3권의 책으로 편집되었고, 번역된 책이다. 또한 이 책을 근거로 하여 연극, 뮤지컬, 수차례 영화로도 만들어졌다. 지금의 관점으로 보면 『올리버 트위스트』에는 막장과 출생의 비밀 코드가 사용되었고, 작품 속의 인물 묘사, 흥미로운 스토리, 다음 연재될 글에 대해 궁금점을 유발하여 대중적인 인기를 형성한 소설이기도 하다.

동시에 시대에 대한 작가의 의도도 명확하다. 산업화 이후 사회는 대량생산이 가능해지고, 산업구조가 바뀌게 된다. 무역과 상업의 발달로 지역동네 중심의 사회구조가 무너지고 도시가 발달하게 된다. 예를 들어, 지역에 땅을 가진 인간들이 농사로 수익을 얻기보다는 양을 길러 모직을 통해 더 큰 이익을 얻게 되었다. 이로 인해 땅을 가진 영주들은 이전에 자신의 땅에 농사짓던 인간들을 쫓아냈고, 인간들은 일자리를 찾기 위해 도시로 유입되었다. 도시라는 구조에 적응한 인간이 있는 반면에 적응하지 못하거나 외면된 인간들은 빈민으로, 밑바닥의 삶을 살게 되었다.

정책가들은 새롭게 제기된 도시의 빈민문제를 해결하기 위해 몇 가지 대안을 세우게 된다. 일자리를 갖지 못하지만 노동력이 있는 인간들은 강제노동을 시키고, 노동력이 없는 노인이나 어린이들은 시설에 수용하여, 도제식으로 기술을 배우게 하는 빈민구제법(the poor law reform)을 제정하였다. 물론 현대 사회복지법의 시초라고 알려진 빈민구제법은 빅토리아 여왕이 빈민들을 구제하기 위한 재정이 증가함으로서 발생한 원인을 제공한 귀족들과 부르조아 계층에게 부담하게 했다. 그러나 귀족들과 중상층 계층의 반발로 1834년에 신빈민구제법(The New Poor Law)이 재정되었다. 이 법은 빈민들을 돌보기 위한 재정감소, 거리에서 구걸행위를 못하게 하고, 빈민들이 스스로 열심히 일하도록 격려하기 위해 재정되었으며, 이를 집행하기 위해 감화원이라는 시설을 도시마다 만들게 된다. 감화원이라는 수용소는 부족한 재정으로 운영하기에 먹는 것이 부실했고, 시설이 열악하여 추웠으며, 단지 빈민이라는 이유로 인간들은 머리를 짧게 잘렸고, 수용복을 입혔고, 인간들을 가족단위로 수용하는 것이 아니라, 나이와 성별로 수용하였다. 수용된 인간들에게는 감화원이 아니라 가난한 자들을 위한 감옥(prisons for the Poor)이라고 불렀다.

귀족들과 중상류층은 가난함의 원인을 개인의 게으름으로 인해 발생한다고 여겼고, 가난한 인간들을 돕는 그들의 행위를 자선으로 여기며 활동을 한다. 반면에 찰스 디킨스는 이런 시대의 상황을 『올리버 트위스트』를 통해 대도시인 런던을 배경으로 한 소년의 생생한 삶을 통해 적나라하게 인간들에게 알렸다. 이 작품을 통해 많은 인간들은 현실을 직시하고, 큰 이슈가 되었으며 이들을 위한 모금운동들이 벌어지게 된다.

이들은 가난한 자들의 빈곤의 원인이 개인의 게으름의 문제가 아니라 산업화 이후의 발생된 사회구조의 문제로 보았다. 사회에서 가난한 아이들은 성장하면서도 가난에서 벗어날 수 없다. 이들은 사회에서 주어진 고통으로 더 고통 받을 수밖에 없는 현실문제를 제기하였다. 『올리버 트위스트』는 산업화와 초기자본주의 사회에 발생된 어두운 문제들을 밝히고, 인간으로 존중되어야 가치들이 사라진 영국사회를 초현실주의 관점에서 고발하는 작품이라고 여겨진다. 주변에 볼 수 있는 인간들의 특성들을 작품 속의 등장하는 인물과 인물간의 대화를 통해 즐거움을 주기도 하고, 그의 삶을 통해 안타까움을 느끼게 하는 찰스 디킨스의 특유의 인물에 대한 묘사가 글 읽는 재미를 준다. 소설에서 정이 있고, 유머스럽고 생생한 인물묘사가 사회를 풍자하고 비판하는 찰스 디킨스의 시각을 이상주의로만 여기지 않고, 우리가 살고 있는 사회의 안타까움과 그 속의 삶의 고통을 더욱 느끼게 해준다.

책 중의 몇 부분을 인용하면 다음과 같다.

헌옷으로 그를 감싸고 이름표와 번호표를 달아놓자 올리버는 즉시 자기에 합당한 신분으로 분류되었다. 교구가 책임지는 아이, 빈민원 고아, 끼니의 반은 굶고 빼빠지게 일만 하는 미천한 처지, 세상을 헤매다니며 쇠고랑을 차거나 구둣발에나 차일 신세, 누구나 경멸하고 아무도 동정하지 않는 인간 (1권, 20)

올리버는 정신을 차리고 최선을 다해 경의를 표했다. 그는 행정관들 머리에 뿌려진 분에 눈을 맞추고는 이사님들이란 태어날 때부터 머리에 저런 흰 것을 달고 나와 그것 때문에 이사님이 되는 것인지 궁금해 하는 중이었다. (1권, 43)

이 교활한 유대인은 아 아이를 올가미에 걸어놓은 것이다. 그를 고독하고 울적한 상태로 있게 하여 음침한 장소에서 혼자 서글픈 생각이나 하는 것보다 그 누구하고라도 함께 있고 싶게 만든 후, 페이긴은 이제 서서히 올리버의 영혼을 암울하게 만들 독을 주입하면서 그의 영혼을 영원히 변색시키려는 것이었다.(1권, 205)

4차산업이라는 말이 익숙해지는 사회에 살고 있는 우리에게 두려움이 있다. 지금 시대에 맞는 인재상에 맞게 살기도 바쁜데, 변화할 시대에 요구하는 인재로 어떻게 준비해야 하고 살아야 하는가라는 두려움이다. 이는 대한민국만의 일이 아니라 전세계의 일이기도 하다. 당시 시대 상황을 반영한 『올리버 트위스트』는 산업화, 근대를 겪으면서 당시 사회에서 가하는 고통을 소개하고 현대를 살고 있는 우리에게 놓치지 말아야할 점들을 시사하고 있다.

## 전지적 저자의 시점에서 올리버 트위스트를 말하다.

작가는 관찰자의 입장으로 올리버의 인생을 묘사하면서 글을 진행한다. 이는 올리버를 주인공으로 삼았지만, 실제 당시 영국사회 자체를 중심으로 삼고자 하는 의도라고 여겨진다. 책의 각장은 "올리버 트위스트의 성장, 교육, 그리고 식단을 다룬다.","올리버가 어떻게 평판 좋은 친구들과 어울려 유익하게 시간을 보내는가에 관한 이야기."등의 제목을 통해 작가의 관점과 의도를 알 수 있다.

『올리버 트위스트』는 남겨진 유산을 둘러싼 안타까운 연인들에 관한 이야기이다. 올리버의 아버지인 에드윈 리포드는 로마에 살고 있는 부유한 자신의 숙부가 죽어간다는 소식을 듣고 급히 길을 나선다. 숙부의 죽음과 재산을 정리하고 영국으로 돌아와 자신의 아이를 임신한 연인인 아그네스와 함께 할 계획을 세웠다. 그러나 에드윈 리포드의 아내인 피포드부인과 그의 아들인 몽스는 로마로 가서 아그네스와 임신한 아이에게 상당한 그의 재산을 물려준다는 유언장을 없애고, 리포드를 살해하게 된다.

리포드의 죽음에 절망하고, 자신의 임신을 부끄럽게 여긴 아그네스는 온 힘을 다해 빈민원(workhouse)으로 도망친다. 그곳에서 아그네스는 남자 아이를 낳고 죽는다. 빈민원의 관리자인 범블은 올리버 트위스트라고 이름을 지었고, 그곳에서 자라면서 춥고 배고픈 삶을 시작하게 되었다. 올리버 트위스트, 그의 출생 비밀은 엄마의 죽음과 동시에 묻히고 만다. 한편 이 사실을 알고 있는 리포드 부인과 올리버의 배다른 형 몽스는 올리버의 신분이 밝혀지지 않게 하기 위해 안간힘을 쓴다.

이런 사실을 모른채 세월이 흘러 계속된 추위와 굶주림으로 10살이 된 올리버는 제비뽑기로 주방장에게 죽을 더 달라고 말하는 인간으로 뽑혔다. 이로 인해 '욕심꾸러기 소년'으로 낙인찍힌 올리버는 장의사의 심부름꾼으로 5파운드에 팔려갔다. 이곳에서도 빈민원 만큼이나 맘에 들지 않았고, 장의사와 일꾼들에게 폭언과 학대를 당했고, 오해로 인해 억울하게 폭행까지 당한 올리버는 런던으로 도망친다.

런던으로 향하던 중 도망친 올리버를 친절하게 대해주던 도저의 꼬임에 넘어간 올리버는 유대인의 손에 넘겨지게 되고, 범죄 집단에 들어가게 되었고, 원하지도 않는 도둑질을 배우게 된다. 도둑 집단인 도저 일행은 노신사인 브라운로의 주머니를 털고 이를 보고있던 올리버는 누명을 써서 대신 범인으로 몰려 경찰에 잡혀갔다. 목격자가 나타나고 그의 증언으로 재판을 받게 되어 올리버의 억울함이 가까스로 밝혀지고, 소매치기 대상이었던 브라운로의 도움으로 그의 집에 머무르며 도움을 받게 되었다. 도둑집단의 두목인 페이긴은 부하의 여동생 낸시를 이용해 올리버를 도둑들의 소굴로 납치해왔다. 어린 올리버는 자신이 이런 나쁜 일을 저지르지 않도록 해달라고 기도했으며 만약 이런 끔찍한 범죄를 저지를 수 밖에 없는 운명이라면 자신을 죽여달라고 기도할 정도로 선한 성품을 가진 올리버였다.

도둑집단 중 사이크스는 올리버를 이용해 대저택을 털기로 계획을 세웠다. 자신을 돌봐준 노신사의 집을 털고자 할 때에도 올리버는 깜작 놀라 자신을 보내주기를 간절히 애원하였다. 어쩔 수 없이 끌려가 집에 침입한 올리버는, 저택을 관리하는 집사가 쏜 총에 맞게 되고 거리에 버려지게 된다. 일을 벌린 사이크스는 도주하게 된다. 강도로 오해받게 된 올리버는 그 집의 낸시와 노신사의 조카딸인 로즈의 올리버를 불쌍히 여김으로 인해 경찰에게도 벗어나고 집에 계속 머무르도록 허락을 받게 된다. 올리버는 로즈와 메일리 부인의 간호를 받고 회복된다. 나쁜 일에 빠지지 않는 곧은 모습으로 인해 올리버는 돌보는 인간들에 의해 도움을 받게 된다. 물론 갑자기 사라진 올리버를 못마땅해 하던 노신사인 브라운로와의 관계도 로즈의 도움으로 오해를 풀게 된다. 다시 브라운로를 만나고 올리버를 보호하기 위해 로즈뿐만 아니라 심지어 낸시는 도둑집단의 일행이며 사이크스의 가족임에도 불구하고 올리버를 불쌍하게 생각했기에 함께 계획을 세운다.

올리버 이복형제인 몽스는 아버지가 유서로 남긴 막대한 재산을 가로채기 위해 이복동생 올리버를 도둑과 범죄자로 몰아 교수형에 처하기 위해 도둑집단에게 매수하고 청탁시켰음을 낸시를 통해 알게 되었다. 그러나 사이크스는 낸시의 배신으로 가족과 집단에게 알려져 낸시를 폭행하고 죽이게 된다. 이후 도둑집단의 일행들은 결국 체포되어 교수형에 처해지게 되었다. 올리버는 자신의 출생의 비밀을 알고, 3000만파운드의 재산을 갖게 되며, 노신사 브라운로가 올리버 아버지의 절친한 친구였음이 밝혀지고, 그의 양자가 된다. 또한 로즈는 올리버 친모의 친동생임이 밝혀진다.

## 4 안네와 올리버를 다시 생각한다.

소설가가 좋은 글을 쓰기 위해 시대적 배경과 이야기를 써가

려고 할지라도, 안네 프랭크가 자신의 일기에 쓴 것보다 더 사실적이고, 감동적인 글을 쓰기 어려울 것이다. 한 소녀의 일기는 아빠인 오토 프랭크가 말한 것과 같이 자신에게 영감과 계시를 준다고 한 것처럼 모든 연령대의 인간들에게 매력적이면서 영감을 준다. 안네가 일상에서 쓴 일기에 나타난 불안과 두려움의 문제로 우리의 삶이 반영되기도 하고, 이러한 문제로 용기를 갖게 될 수도 있다. 또한 안네가 사회적 환경에서 주어진 고통에 공감하면서, 2차 세계대전 뿐만 아니라 다양한 사회에서 주어진 고통에 어려움을 겪는 인간들과 그 시대의 배경을 배우는 인간들에게도 사회적 환경뿐만 아니라 내면의 삶에 의미 있는 경험을 주는 내용들이다.

또한, 『올리버 트위스트』는 등장인물들을 선과 악의 구조로 묘사하고 하고 있다. 로즈, 브라운로, 낸시 등을 통한 선의 인물들과 사이크스, 몽스, 페이긴 등의 악의 인물들을 통해 권선징악을 통해 카타르시스를 제공한다. 사회의 부조리와 부패된 사회, 좋은 취지로 시작된 법과 정책임에도 불구하고 나타나는 무능함의 실태로 올리버를 둘러싼 19세기 영국의 암담한 사회현실을 고발하지만, 사회는 어린이의 빈민들의 이야기를 귀담아들어주지 않는 안타까움 현실을 작품에 쓰고 있다. 그럼에도 불구하고 작가는 올리버를 통해 희망을 말한다. 작가는 올리버와 올리버의 엄마의 바람을 통해 독자에게 메시지를 전한다. 올리버 주변에 좋은 친구들이 많이 생겼으면 좋겠다. 작가는 좋은 친구들을 통해 당시 사회가 변화하기를 바라고 있는 줄도 모르겠다. 그 상징으로 사회에서 주는 고통 중에서도 올리버의 따뜻한 마음과 굴복하지 않은 선함을 통해 희망을 말하는 것 같다.

# 생각거리, 볼거리, 읽을거리

## / 생각거리

1. 안네의 일기는 독자에게 사회에서 가하는 고통에 대해 무엇을 가르쳐 주는지 나눠보자.
2. 안네의 일기를 읽는 독자들이 느끼는 인간은 무엇인지 나눠보자.
3. 올리버 트위스트는 답답한 사회 현실 속에서 희망을 말한다. 이 책을 읽으면서 발견한 희망이란 무엇인지 나눠보자.

## / 볼거리

〈기억을 기억하라〉 EBS 역사채널e, 안네의 일기 편, 2012.

〈올리버 트위스트〉, 로만 폴란스키 감독, 2005.

## /읽을거리

에린 그루웰.『프리덤 라이터스 다이어리』, 김태훈 역. 알에이치코리아, 2014.

수전 손택.『타인의 고통』, 이재원 역. 이후, 2004.

정수민.『모든 사람은 고통이 있어』. 띠앗, 2018.

## / 가볼만한 곳

1. 안네 프랭크 하우스(Anne Frank Museum)

안네 프랭크를 기념하는 공간이 있다. Anne Frank House(주소는 Westermarkt 20, 1016 DK Amsterdam, https://www.annefrank.org/en/museum/)라는 곳이다. 만약 유럽을 여행할 기회가 있어 Amsterdam을 방문한다면 이곳을 추천한다. 이곳은 여러 이야기를 담고 있는 공간이다. 안네 프랭크의 가족들이 나치를 피해 살았던 집이다. 이 집은 과거를 살았던 안네 프랭크를 소개하고, 안네 프랭크 가족이 살았던 공간과 흔적들을 보존하기 위해 많은 자료들을 수집하였고, 그에 대해 설명하고 있다. 동시에 안네 프랭크 하우스 이야기가 현재를 살아가는 안네와 비슷한 나이에 살고 있는 청소년과 청년들에게 메시지를 전달하고자 한다.

약50만명 이상 인간들이 암스텔담을 안네 프랭크의 이야기와 삶을 알기 위해 방문한다. 가능하다면, 방문할 날짜가 결정되어 있다면 미리 인터넷으로 예약을 추천한다. 요즘 Westermarkt역에서 트램(13, 14, 17, 20)을 타고 가보고, 시간이 가능하다면 주변의 운하, 주변 동네를 산책해 보기를 추천한다. 물론 안네 프랭크를 생각하면서.

## 2. 홀로코스트 박물관(Holocaust History Museum)

나치에 의해 학살당한 600여만명을 추모하는 공간이 홀로코스트 박물관이다. 전세계에 여러곳에 세워져 있다. 1953년에 설립된 이스라엘의 예루살렘에 위치한 야드 바솀 홀로코스트 박물관(Yad Vashem Holocaust History Museum)이다. 약260만명의 희생된 인간들의 이름과 사진들이 전시되어 있으며, 유대인 학살에 관한 자료들이 다양하고 깊이가 있다. 동시에 다가오는 세대들에게 희생자의 한명의 관점에서 다가갈 수 있도록 도와준다. 그 깊이와 배려가 방문자에게 안타까움과 울림을 준다.

안네 프랭크 하우스를 방문한 인간들이 암스텔담 내의 홀로코스트와 관련된 곳을 방문하고자 한다면, National Holocaust Museum (Plantage Middenlaan 27, 1018 DB Amsterdam)과 가까이 있는 Holocaust Memorial & Dutch Theater ((Jewish Cultural Quarter), Plantage Middenlaan 24, 1018 DE Amsterdam)을 추천한다.

만약 미국의 워싱턴을 방문한다면, 영화 Freedom Writer의 학생들이 방문한 United States Holocaust Memorial Museum(100 Raoul Wallenberg Pl SW, Washington, DC 20024, USA)을 추천한다. 방문자가 한 인간의 희생자의 기록을 가지고 그의 삶의 발자취를 따라가면서 홀로코스트를 느끼게 해준다. 사회가 주는 고통 속의 인간을 다시한번 생각나게 한다. 만약 기회가 된다면 독일이나 폴란드의 수용소와 기념공간들을 직접 방문해 보기를 바란다.

### 3. 찰스 디킨스 박물관(Charles Dickson Museum)

영국 런던의 킹스크로스(King's Cross station)역에서 15분정도 걸어가면, 찰스 디킨스 박물관(Charles Dickson Museum, 48 Doughty Street London, WC1N 2LX, https://dickensmuseum.com/)이 나온다. 이곳에서 찰스 디킨스는 Oliver Twist, The Pickwick Papers and Nicholas Nickleby라는 작품들을 썼다. 이곳에서 그는 이 작품들을 통해, 세계적인 작가로서 명성을 얻게 되었다. 찰스 디킨스가 살았던 곳은 여러 곳이 있지만 현재 남아 있는 곳은 이곳이 유일하다. 이곳도 도시가 발전하고, 재건축될 때인 1923년에 헐릴 위기가 있었지만, 디킨스 협회가 이 소식을 듣고, 모금운동을 통해 이 집을 구입하고 박물관으로 개장하였다. 박물관은 찰스 디킨스 가족들이 살았던 모습 그대로 보존하고자 하였다. 당시 문화와 살아가는 삶의 모습을 재현한 박물관 전시물과 작품을 그림으로 표현한 것들을 보는 것도 찰스 디킨스를 이해하는 데 도움이 된다.

만약 찰스 디킨스의 책을 좋아한다면, 주변의 길을 걸어보기를 추천한다. Thomas Coram Centre 주변의 몇 구분의 Gardens, Coram field pitches, 거리들을 산책해 본다면 찰스 디킨스의 소설에 등장하는 익숙한 장소들을 볼 수 있을 것이다. 물론 가까이에 대영박물관이 5분내의 거리에 있으니, 대영박물관을 방문할 예정이라면 이곳도 염두해 두면 좋을 것이다. 대영박물관은 찰스 디킨스가 일을 할 때 법정휴정기간에 책을 읽기 위해 방문한 곳이기도 하고, 소설가로 준비했던 곳이기도 하다.

혹시 찰스 디킨스 박물관을 겨울에 방문할 예정이라면, 인터넷으로 문을 여는 요일과 시간을 확인하고 가기를 권한다.

### 4. 찰스 디킨스의 출생지, 초판본, 편지들과 잠든곳

폴츠머스를 방문할 기회가 있다면, 찰스 디킨스 출생지 박물관(Charles Dickson Birthplace Museum)은 393 Old Commercial Road, Portsmouth, PO1 4QL에 위치하고 있다.

만약 찰스 디킨스의 소설 원본을 보고 싶다면, 런던의 빅토리아 알버트 박물관(Victoria and Albert Museum) 내의 국립 미술도서관(NAL, National Art Library, Cromwell Road, London SW7 2RL, https://www.vam.ac.uk/info/national-art-library/)을 방문하면 찰스 디킨스의 작품들과 여러 편지들을 보관하고 있다. 영국 도서관이 주는 색다른 경험을 할 수 있다.

찰스 디킨스는 런던 웨스트민스터 사원(Westminster Abbey, https://www.westminster-abbey.org/)의 시인묘원에 잠들었다. 로렌스 올리비에, 시인 로버트 브라우닝, 토마스 하디 등 영국의 한 시대를 이끌었던 이들의 유해를 매장한 곳이다. 유머와 풍자, 휴머니즘이 어울어진 작품과 사회비판을 담은 작품을 발표한 찰스 디킨스는 사후에 가난하고 고통받은 인간들과 공감한 인간이었고, 영국에서 가장 훌륭한 작가라는 평가를 받았다. 기회가 된다면 여유를 가지고, 웨스트민스터 사원에 잠든 다양한 인물들을 둘러보면 생각보다 많은 작가들을 마주할 수 있을 것이다.

04

# 죽음

## 메멘토 모리, 네 죽음을 기억하라

'인간이란 무엇인가?'라는 물음에 물을 때 결코 간과할 수 없는 것은 인간이 죽는다는 사실이다. 죽음은 인간의 본질을 구성하고 있는 것 중 하나이다. 그래서 독일의 철학자 마르틴 하이데거(Martin Heidegger)는 인간을 "죽음에 이르는 존재"(Sein-zum-Tode)라고 말했다.[45] 어떤 면에서 보면, 세상의 많은 것들이 불확실하지만 인간에게 죽음이 있다는 것만은 확실하다. 이런 이유로 고대에서 인간을 논할 때 불사의 신과 대비되게 '가사자(可死者)' 혹은 '필멸자(必滅者)'라 부르기도 했다. 이렇게 고대로부터 인간들은 인간이 죽는다는 불가피한 사실을 뼈저리게 받아들였다.

죽음은 인간을 무(無)로 빠트릴 뿐 아니라, 무의미(無意味)로 인도한다. 죽음은 인간이 살면서 쌓아놓고 이루어놓은 모든 것들을 무의미하고 무가치하게 만드는 것처럼 보인다. 쉬운 예를 들어 보자. 이 땅의 많은 청소년들은 입시공부를 열심히 한다. 그 주요 이유는 원하는 대학에 들어가기 위해서이다. 대학 진학의 이유를 따져보면 좋은 직장을 얻고자 함이다. 그 뒤에는 결혼, 출산 등이 뒤따른다. 나이가 들게 되면 은퇴를 하게 되고, 결국에는 죽는다. 죽음이 있는데 살아야 한다는 사실은 굉장히 부조리하게 느껴질 수 있다. 이런 문제를 너무 심각하게 생각하는 인간은 삶의 동력을 상실하게 될 수도 있다. 결국에는 죽으니까.

죽음의 문제를 해결하지 못하고, 극복하지 못하면 결국 염세적인 생각에 빠져들게 된다. 염세적인 생각으로 깊게 빠져들면 삶을 잘 살 수 없는 것은 고사하고, 도대체 살 수가 없다고 생각되기 때문에, 인간들은 죽음에 대해서 말하고 논의하는 것에 대해서 불필요하고, 무례하고, 무가치한 것으로 간주해 왔다. 어떤 면에서 인간들은 죽음의 문제를 회피하기 위해서 열심히 일하고 쾌락을 추구하는지도 모른다.

하지만 그렇게 은폐하려고 해도 죽음은 우리들의 삶에 피할 수 없게 달라붙어 있다. 이를 잘 표현해주는 그림이 있다. 독일의 화가 한스 홀바인(Hans Holbein)의 「대사들」이라는 그림이다. 「대사들」을 보면 화려한 옷을 입고 당대의 주요한 사건을 처리하는 대사들의 모습을 볼 수 있다. 이 그림에 등장하는 대사들은 각 각 25세와 29세로서 젊은 나이에 높은 지위에 올라 있다. 그림의 배경에는 별자리 지도 뿐 아니라 르네상스 시대에 발전했던 문학, 항해술, 과학 관련 도구들이 배치되어 있다. 특히 과학적인 도구들이 많은데 당대의 최첨단 지식을 보여주는 도구들이라고 할 수

있을 것이다. 그런데 그림의 바닥 부분을 보면 일그러진 얼룩과 같은 무언가를 볼 수 있다. 이 얼룩을 비스듬하게 보면 그것이 해골임을 알 수 있다. 홀바인은 최첨단의 지식을 가지고 세상을 주무르던 인간들에게 누구도 피할 수 없는 죽음을 알려주었던 것이다. 물론 그러한 앎은 다소간 멀리 떨어져서 비스듬히 관조할 때 알 수 있는 것이다.

비교적 최근에 이르러 인간들은 오히려 죽음을 적극적으로 생각하고 사고하기 시작하고 있다. 죽음을 생각하지 않고 죽음에 대한 생각으로부터 회피한다고 해서 죽음이 오지 않는 것은 아니니, 오히려 죽음을 깊게 생각하고 성찰하며 그로부터 삶을 계획할 때 더 잘 살 수 있다는 생각을 하는 인간들이 많아지고 있는 것이다. 이렇게 생각하면 죽음은 삶의 끝이면서 동시에 죽음 이전의 삶에 큰 의미를 주는 것이 된다. 한 걸음 더 나아가 인간들은 죽음이 있기에 삶이 의미가 있고, 죽음이야말로 삶에 의미를 주는 것으로까지 생각하게 되었다.

역사적으로 보면, 서양에서는 고대와 중세 시대에 이르기까지 죽음은 중요한 명상의 주제 중 하나였다. 그래서 서양에서는 오래 전부터 메멘토 모리(memento mori, 너의 죽음을 기억하라)라는 말이 전해져 왔다. 특히 중세 말기에 이르면 인간들은 죽음에 대한 엄청난 관심을 가지게 된다. 박승찬은 중세에 널리 퍼져나간 「세 명의 산 자와 세 명의 죽은 자」 설화를 소개한다.[46]

> 이미 13세기부터 퍼져 나간 그 설화는 '세 명의 귀족이 어느 날 들판에서 말을 달리다가 세 구의 해골과 만나는 내용'을 담고 있다. 해골들이 자신들에게 두려움과 공포를 느끼는 산 자, 즉 귀족들에게 말을 건넴으로써 대화가 시작된다. 잠시 후 귀족들은 해골들에게 누구시냐고 물으며 가르침을 청한다. 해골들은 귀족들에게 "우리도 과거에는 당신들과 같았고, 당신들도 머지않아 우리처럼 될 것이오(Quod fuimus estis, quod sumus eritis)"라고 말한다. 이 주제는 먼저 벽화 형태로 묘사되었다가 차츰 기도서를 비롯한 여러 종류의 필사본과 판화 및 제단화로 확산되었다.
>
> 설교자 및 종교 기관들은 「죽음의 춤」을 이용하여 당대인에게 죽음은 언제 찾아올지 알 수 없고 피할 수 없는 것임을 알려주었다. 아울러 지옥의 고통과 심판에 대비하여 선행을 베풀며 살라

고 호소했다. 이러한 가르침은 앞서 13세기에 유행했던 '바도 모리'(Vado Mori)라는 후렴구가 달린 시에도 담겨 있었다.

"나는 죽으러 간다네.(Vado mori)
죽는다는 것은 확실하다네.
죽음보다 더 확실한 것은 없다네.
다만 그 시간이 언제일지 불확실할 뿐이라네.
나는 죽으러 간다네."

중세의 가을에 성행했던 죽음에 대한 이러한 집중은 열광적인 것이었고 오늘날의 시각으로 보자면 다소간 지나치게 여겨질 정도이다. 하지만 근대에 이르러 인간들은 죽음을 생각하지 않기 시작했다. 심지어 죽음을 말하는 것을 불쾌하게 생각하기 시작했다. 근대 이전에는 성을 말하는 것이 커다란 금기이고 죽음을 말하는 것은 금기가 아니었다. 그러나 근대를 지나면서 죽음을 말하는 것은 사회적 금기가 되고, 성을 말하는 것은 별반 문제가 되지 않게 되었다. 현대에 이르러서는 다시금 죽음에 대한 관심이 고조되고 있다.

오늘날 인간의 삶과 죽음을 성찰할 때 상당한 도움이 되는 두 권의 책이 있다. 톨스토이의 『이반 일리치의 죽음』과 엘리자벳 퀴블러-로스의 『죽음과 죽어감』이 바로 그러한 책이다. 이 책들을 통해서 인간에게서 죽음이 갖는 의미를 깊게 성찰해 보고자 한다.

## 2 톨스토이, 『이반 일리치의 죽음』

### 톨스토이는 누구인가?

톨스토이(Lev Nikolayevich Tolstoy)는 1828년 9월 9일 남러시아 툴라 지방의 야스나야 폴랴나(Yasnaya Polyana)에서 톨스토이 백작가의 넷째아들로 태어났다. 그는 어려서 부모를 잃고 고모 밑에서 성장했다. 톨스토이는 1844년 카잔 대학교에 입학했으나 대학교육에 실망하여 삼 년 만에 자퇴하고 귀향했다. 그 후 고향에서 새로운 농업경영과 농민생활 개선을 위해 노력했지만 실패하고, 1851년 큰형이 있는 캅카스로 가서 군대에 들어갔다.

톨스토이는 1852년 『유년 시대』를 발표했다. 『유년 시대』는 독자들을 사로잡았는데, 그 이유는 그 작품이 "잊혀진 평상적인 유년시절의 경험들을 신선하고도 감동적으로 엮어냈기 때문이다."[47] 이후 잡지 『동시대인』에 익명으로 연재를 시작하면서 왕성한 창작활동을 하는 한편, 농업경영과 교육활동에도 매진해 학교

를 세우고 교육잡지를 간행했다. 1854년에는 『소년 시대』를 발표했는데 그 내용이 "젊은들의 도덕적 타락을 교훈하는 것"[48]이었기 때문에 『유년시대』와 같은 매력은 결여되어 있었다. 1862년에는 『청년시대』를 발표했다.

톨스토이는 1862년 소피아와 결혼한 후, 『전쟁과 평화』, 『안나 카레리나』 등의 대작을 집필하며 세계적인 작가로서 명성을 얻지만, 『안나 카레리나』의 뒷부분을 집필하던 1870년대 후반에 죽음에 대한 공포와 삶에 대한 회의에 시달리며 심한 정신적 갈등을 겪는다. 심각한 갈등은 톨스토이를 자살 직전까지 몰아붙였다. 그는 과학과 철학과 예술에서 삶의 의미를 찾으려 하지만 실패하고 만다. 이후 러시아 농부들의 순박하고 진솔한 삶과 신앙에 감화를 받아 기독교인이 된다. 이러한 정신적 위기와 그 극복의 과정을 담은 책이 바로 『고백록』이다. 그는 기독교인이 된 이후에도 러시아 정교회와 사유재산제도에 비판을 가하며 종교적 인도주의, 이른바 '톨스토이즘'을 일으켰다. 직접 농사를 짓고 금주와 금연 등 금욕적인 생활을 하며 빈민구제활동을 펼치기도 했다.

1899년에 발표한 『부활』에서 러시아정교회를 비판했다는 이유로 1901년 종무원으로부터 파문당했다. 1910년 사유재산과 저작권 포기 문제로 부인과 불화가 심해지자 집을 나와 방랑길에 나섰으나 폐렴에 걸려 아스타포보 역(현재 톨스토이 역)에서 82세를 일기로 숨을 거두었다. 톨스토이 사후 90권짜리 전집이 출판되었다.

## 『이반 일리치의 죽음』 알아보기

세계적인 대문호 톨스토이의 작품세계는 1880년을 기점으로 전기와 후기로 나뉜다. 전기에는 문학성이 강한 작품들이 제시되었으나 후기에는 삶과 사상을 전달한다는 특징을 가지고 있다. 그래서 전기의 톨스토이를 위대한 작가로, 후기의 톨스토이를 위대한 교사로 부르기도 한다.[49]

전기와 후기 사이에 톨스토이가 정신적인 위기를 겪었음은 주지의 사실이다. 부유하고 부족함이 없었던 톨스토이를 자살 직전으로까지 몰아붙였던 정신적 위기의 과정은 『고백록』에 잘 수록되어 있다. 슈테판 츠바이크(Stefan Zweig)는 톨스토이가 겪었던 정신적 위기를 "무에 대한 통찰"로 규정한다.[50] 톨스토이는 무시무시한 정신적 위기를 겪었지만 결국 러시아 농부들의 순박한 신앙과 삶에서 자신의 정신적인 위기를 극복할 수 있었다. 1886년에 발표된 『이반 일리치의 죽음』은 『고백록』의 문제의식을 깊이 있게 천착하여 죽어가는 인간이 느끼는 심리의 과정을 탁월하게 잘 드러내고 있다.

조유선은 『고백록』에서 『이반 일리치의 죽음』에 이르는 톨스

토이의 여정을 다음과 같이 평가한다.[51]

> 『고백록』을 기점으로 본격화된 후기 톨스토이의 존재론적 여정은 다시 '나는 누구인가'라는 질문에 천착하며, 그 질문은 무수한 생의 체험과 경험 속에서 풀어져 간다. 질병 체험과 죽음에의 공포가 낳은 고통은 대문호로 하여금 지속적인 자기 내러티브를 가능케 했으며, 위기의 절정에서 그가 맞닥뜨린 질문(왜 우리는 죽는가? 내가 없어진다는 것은 어떻게 된다는 것인가?)은 죽음을 의식함으로써 새로운 질문(진정한 삶은 무엇인가? 나는 이제 어떻게 살아야 하는가?)를 유도한다. 이반 일리치의 임종 장면은 오랜 시간 톨스토이가 고뇌해 온 부조리한 죽음에 대해 더 이상 '죽음은 없다'라는 그래서 '공포도 두려움도 없다'는 결론을 보여 준다. 도무지 풀리지 않는 '나'의 고통을 호소하고 타인의 고통에 응답할 때, 서로가 서로의 얼굴을 바라보며 타인의 고통에 손 내밀 때 비로소 삶의 기쁨이 도래하는 것이다...죽음을 기억한다는 것은 선한 삶을 살아야 한다는 당위이기도 하다.

『이반 일리치의 죽음』은 철학자 하이데거에게 깊은 영향을 끼쳤다. 하이데거는 자신의 주요한 저작인 존재와 시간에서 톨스토이의 이반 일리치의 죽음을 언급한다. 하이데거는 "톨스토이는 그의 소설 『이반 일리치의 죽음』에서 이러한 '인간은 죽는다'가 야기하는 동요와 붕괴의 현상을 묘사하고 있다." 박찬국 교수는 존재와 시간을 이반 일리치의 죽음에 대한 현상학적 분석이라고 부를 정도로 하이데거의 죽음 사유에 끼친 톨스토이의 영향력을 강조한다. 그는 이렇게 말한다.[52]

"하이데거는 죽음에 대해서 분석하는 부분의 한 각주에서 이반 일리치의 죽음에서는 죽음이 인간들의 삶에서 불러일으키는 동용와 불안이 잘 묘사되어 있다고 말하고 있다. 그러나 하이데거는 그뿐 아니라 우리의 일상적인 삶이 갖는 퇴락한 성격과 현존재가 죽음 앞에서 겪는 실존적인 변화에 대한 톨스토이의 묘사에서도 감동을 받았을 것이다. 그래서 나는 감히 하이데거의 『존재와 시간』은 『이반 일리치의 죽음』에서 형상화되어 있는 현존재의 삶을 개념적으로 파악한 것이라고 생각한다."

로맹 롤랑(Romain Rolland)은 "『이반 일리치의 죽음』은 프랑스 독자들을 가장 감동시킨 러시아 작품 중의 하나다"라고 말한다. 그 뿐 아니라 현대의 죽음학도 죽음학이 발전하기 이전에 '죽음과 죽어감'의 과정을 잘 다룬 이반 일리치의 예술적 경지에 대해서 감탄하고 있다. 그래서 『이반 일리치의 죽음』은 죽음학의 논의에서 자주 등장하는 고전으로 자리매김하게 되었다.

### 『이반 일리치의 죽음』 줄거리

『이반 일리치의 죽음』의 내용은 다음과 같다.

이반 일리치가 죽었다. 하지만 그는 죽어서도 진심어린 애도를 받지 못했다. 그의 동료들과 심지어 아내마저도 그의 죽음 그 자체보다는 그가 죽음으로 인해 공석이 될 직장에서의 이반 일리치의 위치, 또는 그의 재산, 상속 등 그의 주변적인 요소들에 온통 관심을 집중하였다. 그리고는 죽음이 자신들의 일이 아니라는 것에 안도했다. 장례식장에 가는 것도 미루고 미루다 마지못해 가는 듯 했고, 그의 장례식장에서도 그의 동료들은 이반 일리치의 죽음을 안타까워하고 슬퍼하기 보다는 어떻게 자연스럽게 이 장소를 빠져나가서 친구들과 함께 카드 게임을 하러 갈 수 있는가를 생각했다. 그리고 그 곳을 나오기 직전까지 이반 일리치가 죽는 순간까지 힘들어하던 3일 간의 이야기를 들은 그의 동료들은 자신에게도 충분히 일어날 수 있는 것이 죽음이라는 것을 깨달았고, 그 사실을 부정했으며, 심지어는 그 깨달음으로 인해 불쾌해진 기분으로 도망치듯 장례식장을 나왔다.

이반 일리치는 45세까지는 항소법원 판사로 재직하다 3개월 동안 투병하던 중 사망했다. 그의 아버지도 오랜 경력을 가지고 고위 직책을 수행하시며 출세의 길을 개척하던 한 관리셨고, 형 또한 다른 관청에서 근무하고 출세의 길을 걸어가던 관리였지만 동생은 실패자로 온 가족의 탐탁치 못한 따가운 시선을 받고 있는 인간이었고 누이동생은 다른 시 관리인 그레그 남작에게 시집갔다. 이 중 이반 일리치는 집안의 사랑스러운 존재였다. 다른 형제들에 비해 적당히 예의 바르고 적당히 사귐성 좋고, 슬기로우며 활발했다. 그리고 적당히 방탕하고 적당한 욕심이 있었으며 모든 것이 선을 넘지 않고 적당했다. 학습 능력과 훌륭해 성적이 항상 우수했다. 그는 늘 한결같았고 자신만의 기준이 존재했으며 그 기준과 의무는 반드시 실천해야 했다. 그 중 하나로 그의 의무는 모두 최고위 관직의 인간들의 것들에 맞춰진 것이었다.

그는 모든 인간들에게 대하는 태도가 한결같았다. 하지만 겉면일 뿐 그의 내면 또한 항상 조용하고 순조롭고 평안한 것은 아니었다. 그가 목표로 하던 자리에 다른 인간이 앉았을 때는 그 인간을 시기하고 저주하고 더 높은 자리, 더 많은 연봉을 탐내기도 했고, 그 과정에서 다른 인간들과 다툼도 있었고 괜한 트집과 시비로 인간들과 사이가 멀어지기도 했다. 자존심도 반드시 지켜야 했다. 프라스코비야 표도로브나와 결혼한 후, 행복한 한 때를 보내며 얼마간의 신혼을 즐기던 중 아내가 자신에게 많은 것을 원하고 자신이 아내에게 맞춰주며 자신이 바라는 바들을 이룰 수 없을 수도 있게다는 생각을 했고 그 과정에서 너무나 큰 감정소비를 했다는 생각에 아내에게도 동료들과 같은 태도로 대하기 시작했다. 크게 싸울 일이 아닌 대화와 싸움을 회피했고 최소한의 대화만을 나누었다. 그리고 일을 자신의 도피처로 삼았으며 아내를 마주하기 싫을 때 일을 하며 상황을 피했다. 이렇게 자신만의 룰을 정하고 지켜나가니 자신의 삶이 행복해졌다고 생각했다.

자신이 목표로 하던 자리를 후배에게 빼앗긴 후, 더 많은 연봉과 더 높은 직위를 원하던 이반 일리치는 자신의 동료가 높은 인간의 후임으로 발령받자 그와 잘 이야기해서 자신도 그의 임명을 받고 새로운 직장 근처에서 집을 얻어 직접 집을 꾸미고 가족들을 데려왔다. 새로운 직장에서도 달라지는 것은 없었다. 인간적인 관계와 직무상의 관계를 인간들이 일부러 혼동시켜볼 정도로 칼같이 구분하여 지켰고 더 높은 연봉의 직장에서 자신 나름대로의 기준에 맞는 행복한 삶을 살아가던 그는 아내와의 다툼이 잦아졌고 자신의 병 때문이라고 고백했고 아내의 잔소리로 병원을 여러 군데 가 보았지만 그의 의심은 끝나지 않았고 의사들의 진단을 불신했기 때문에 치료책도 믿지 않았다. 자신이 의사의 진단을 수긍하며 들을 때, 정신을 차리고 자신을 채찍질하며 다시 여러 의사들을 찾아다니고 의심하고 불신하였고 그렇게 한참을 보냈다.

이반 일리치는 자신이 죽어가고 있다는 것을 깨달았다. 그는 자신이 왜 죽어야 하는지 이해할 수 없었다. 그는 죽음에 관한 생각을 차단하기 위해 일에 매진하려 했으나 어김없이 그를 괴롭히는 통증은 이마저도 불가능하게 했다. 그는 다시 죽음과 단 둘이 되었다. 죽음이 눈 앞에 있었지만 할 수 있는 것이라고는 두려움에 떠는 것 뿐이었다. 그의 가족과 동료들 중 그 누구도 그의 처지를 진심으로 이해하고 동정하지 않았다. 이반 일리치는 누군가 자기를 어린애 달래듯 어루만져주고 자기를 위해 눈물을 흘려주기를 원했다. 그는 자신이 무슨 잘못을 했길래 이런 고통을 겪는 것이냐고 말하며 울부짖었다. 그는 울음을 그친 후 그의 내면에서 솟아나는 영혼의 목소리에 귀를 기울였다.

"필요한게 대체 뭐야?"
"시달리지 않는 것. 사는 것"

이반 일리치가 답했다.

"산다고? 어떻게 사는 건데?"
"예전처럼 편하게 잘 사는거"
"예전처럼 편하게 잘 사는 거라고?"

이반 일리치는 자신의 삶 중 최고의 순간을 회상하기 시작했다. 그런데 생각하면 할수록 당시에는 기쁨이라 여겼던 것들이 부질없고 추한 것으로 변하기 시작했다. 사회적인 관점에선 산 정상에 오르고 있던 그의 삶이 사실은 삶에서 멀어져가고 있었다는 것을 깨달았다. '혹시 내가 살아온 삶이 바르지 않았던 걸까?'라는 생각이 뇌리를 스쳤지만 그는 바르게 살아왔다고 믿고 그 생각을 즉시 떨쳐버렸다.

그는 과거의 자신을 떠올리며 현재와 비교하였다. 어린 시절로 거슬러 올라갈수록 그의 삶은 선하였고 삶다웠다. 마치 하나의 빛 같았다. 그러나 그 빛은 점차 빠른 속도로 어두워지기 시작했다. 과거에 성공적이며 만족스러웠던 그의 직무, 삶을 살아가는 방식, 가족, 사교계와 직장의 이해관계, 이 모든 것이 거짓일 수 있다고 생각했다. 깨달으면 깨달을수록 그의 육체적 고통을 심해져갔다. 그로부터 사흘이 되던 날 밤, 그의 아들이 그의 손에 자신의 입술을 갖다 대고 눈물을 흘렸다. 바로 이 순간 이반 일리치는 나락에 떨어져 빛을 보았고, 빛을 보는 순간 자신이 살아온 삶이 그래서는 안 되는 삶이지만, 아직 개선의 여지가 있다고 믿었다. 그는 가족에게 미안함을 느끼기 시작했다. 가족을 해방시켜주고 그 역시 고통으로부터 해방되어야만 한다고 생각했다. 통증은 점차 사라지기 시작했다. 죽음에 대한 두려움 역시도 발견하지 못했다. 죽음이 있던 자리엔 빛이 있었다. 한 순간에 모든 일이 일어났다. 주위 인간들이 지켜보는 가운데 그의 임종 고통은 두 시간 더 지속되었다. 그러다 고통의 소리는 점차 잦아들었다. "끝났습니다!" 누군가 그를 내려다보며 말했다. 그는 그 말을 듣고 마음 속으로 되풀이 했다. '죽음은 끝났어. 더 이상 존재하지 않아.' 그는 숨을 멈추고 긴장을 푼 후 숨을 거두었다.

## 3 엘리자벳 퀴블러-로스, 『죽음과 죽어감』

### 죽음학의 여왕 엘리자벳 퀴블러-로스

엘리자벳 퀴블러-로스(E. Kübler-Ross)는 1926년 스위스 취리히(Zürich)에서 개신교를 신봉하는 집안의 세쌍둥이로 태어났다. 세쌍둥이로 태어났기 때문에 퀴블러-로스는 자신의 정체성에 대한 고민을 할 수밖에 없었다. 그녀는 다음과 같이 자신의 고민을 밝히고 있다.[53]

> 나는 세쌍둥이 중 한 아이로 태어났습니다. 그 시절의 세쌍둥이는 똑같은 옷을 입고, 똑같은 장난감을 갖고 놀고, 똑같은 학교에 다녔습니다. 인간들도 세쌍둥이를 각각의 개인으로 대하지 않고 한 묶음으로 대했습니다....심지어 아버지 무릎에 앉았을 때도 아버지는 내가 우리 셋 중 누구인지 구별하지 못했습니다. 아버지는 곧잘 이렇게 말씀하시곤 했습니다. "넌 누구지?" 이런 것들이 자기 정체성에 어떤 영향을 미쳤을지 상상해 보십시오. 어찌 보면 세쌍둥이로 태어난 것에서부터 나의 진정한 모습을 찾고자 하는 탐구가 시작되었다고 말할 수 있습니다. 나는 항상 나 자신이 되려고 노력했습니다.

퀴블러-로스는 19세에 폴란드 마이데넥 유대인 수용소에서 자원봉사를 한 경험으로 자신의 인생을 바칠 소명을 발견하고, 아버지의 반대에도 불구하고 의학을 전공하기로 결심하였다. 지옥 같은 수용소 벽에 수없이 그려진 나비, 환생을 상징하는 나비

를 목격한 그녀는 삶과 죽음의 의미에 새로운 시각을 갖게 된 것이다.

퀴블러-로스는 1957년 취리히대학교 의과대학을 졸업한 뒤, 1958년에는 미국으로 가서 계속 공부를 하였다. 의료실습을 하면서 죽어 가는 인간들을 대하고는, 의대생으로서 그들에게 힘을 북돋아 주는 역할을 하였다. 그러면서 많은 의료진이 환자의 의학적 이상이나 신체적 문제에만 관심을 가질 뿐 환자를 하나의 인격으로 대우하지 않는 것에 충격을 받기도 하였다. 1962년에는 콜로라도(Colorado)대학교 의학부에서 강의를 하게 되었고, 1963년에는 수련의 과정을 모두 마쳐 1965년 시카고로 가서 시카고 대학교 프리츠커 의학부 강사가 되었다.

퀴블러-로스는 죽음을 앞둔 인간들과의 인터뷰를 통해 계속해서 임종에 다가선 인간들을 연구하였다. 마침내 1969년 그녀의 역작 『죽음과 죽어감(*On Death and Dying*)』을 발표하고, 인간이 죽음을 앞두고 겪게 되는 다섯 단계에 관하여 설명하였다. 그녀는 호스피스 운동을 지원했는데, 1977년 남편을 설득하여 캘리포니아의 에스콘디도(Escondido) 지역에 땅을 구입한 뒤 '평화의 집(Shanti Nilaya)'을 세워 임종을 앞둔 인간들과 그 가족을 위한 치유센터를 마련하였다. 1970년대 후반에는 죽음과 접촉하는 여러 방법으로 유체 이탈 경험, 영성주의, 영매의 능력 등에 관심을 가졌다. 또한 AIDS에 대한 워크숍을 세계 각지에서 열기도 하였다.

1990년에는 치유센터를 자신의 농장이 있는 버지니아(Virginia)의 헤드 워터스로 옮겼다. 그러다가 1995년 여러 번 발작을 일으키면서 몸의 왼편을 쓸 수 없게 되자 치유센터 문을 닫고 말았다. 퀴블러-로스는 세계 최초로 호스피스 운동에 불을 붙인 인물이다. 그녀의 이론에 따르면 죽음을 앞둔 인간들은 부정(denial), 분노(anger), 협상(bargaining), 우울(depression), 수용(acceptance)의 다섯 단계를 거친다. 이처럼 임종 연구(near-death studies)의 선구자로서 그녀의 이론은 현재 퀴블러-로스 모델로 불리고 있다.

2007년 미국 여성 명예의 전당(American National Women's Hall of Fame)에 오른 퀴블러-로스는 『인생수업(*Life Lessons*)』이라는 저서로 세상에 알려졌고, 이 책은 이 분야의 잠언서라 일컬어질 만큼 명성을 떨쳤다. 이외에도 20여 권의 저서를 발표했으며, *The Time*지에서는 20세기 100대 사상가 중 한 인간으로 선정하기도 하였다. 그녀는 세계적으로 학술세미나와 워크숍에서 가장 많이 초청받은 정신의학자였고, 역사상 가장 많은 학술상을 받은 여성으로 기록되어 있다.

퀴블러-로스 박사는 죽어가는 어린이 환자들을 돌볼 때 헝겊으로 만든 인형을 늘 들고 다녔다고 한다. 이 인형은 고치 벌레 형태로 있다가 아름다운 나비로 변화되는 인형이었다. 죽음을 애벌레가 나비로 변화하는 과정으로 설명하며 위로했다는 것이다.

나비의 비유는 앞에서 언급했듯 그녀가 제 2차 세계 대전이 끝나고 19세의 나이로 폴란드의 마이네덱 수용소에서 자원 봉사 활동을 하면서 깨달은 사건과 관련되어 있다. 그 수용소에서 퀴블러-로스는 인생을 바칠 소명을 발견했었고 그 소명을 생의 끝까지 이어간 것이다.

그녀는 항상 이렇게 말했다고 한다. "육체로부터 해방되어 이 생애를 졸업하는 날, 난 은하수로 춤추러 갈 거예요, 그러니 그 날을 축하를 받을 날이지요." 2004년 8월 24일, 밤 8시 11분, 엘리자베스 퀴블러-로스는 숨을 거두었다.[54]

## 엄청난 영향을 끼친 책 『죽음과 죽어감』

퀴블러-로스의 책은 엄청난 파장을 일으켰고, 특히 호스피스 운동에 큰 영향을 주었다. 『죽음과 죽어감』은 퀴블러-로스를 퀴블러-로스로 만든 대표작이다.

취리히 대학에서 정신의학을 공부한 퀴블러-로스는 미국인 의사와 결혼하면서 뉴욕으로 이주한다. 이후 뉴욕, 시카고 등지의 병원에서 죽음을 앞둔 환자들의 정신과 진료와 상담을 맡는데, 의료진들이 환자의 심박수, 심전도, 폐기능 등에만 관심을 가질 뿐 환자를 한 인간으로 대하지 않는 것에 충격을 받는다.

시카고 대학교에서 온 신학생들이 과제를 해결하기 위해서 찾아온 것이 계기가 되어 그녀는 의사와 간호사, 의대생들이 죽음을 앞둔 환자들의 마음속 이야기를 들어주는 세미나를 열고, 세계 최초로 호스피스 운동을 의료계에 불러일으킨다. 그녀가 말기 환자 5백여 명을 인터뷰하며 그들의 이야기를 담아 써낸 저서 『죽음과 죽어감』은 전 세계 25개국 이상의 언어로 번역될 만큼 큰 주목을 받았고, 그녀는 '죽음' 분야의 최고 전문가가 된다.

『죽음과 죽어감』은 퀴블러-로스 3부작 중 첫 저서라고 할 수 있다. 퀴블러 로스와 두 권의 책을 같이 저술한 데이비드 캐슬러(David Kessler)는 3부작을 다음과 같이 정의한다.[55]

> 다음의 세 권의 책은 어떤 식으로든 하나로 연결되어 있다고 여긴다. 『죽음과 죽어감(*On Death and Dying*)』이라는 책은 그녀의 첫 저서이자 많은 것을 시작한 책이었다. 『인생 수업(*Life Lessons*)』은 우리가 공동으로 작업한 첫 책이었고 우리는 이 책에 '삶의 순간'이라는 부제를 달았다. 그리고 이제 엘리자베스의 마지막 저서인 이 『슬픔과 슬퍼함(*On Grief and Grieving*)』을 완성하게 된 것이다.

### 『죽음과 죽어감』을 읽다

『죽음과 죽어감』은 현대 시대를 과거와 달리 한 인간이 집 안에서 품위 있게 죽음을 맞이하지 못하는 시대로 보고 있다. 현 시대에 이르러서 과학이 진보할수록 인간들은 죽음을 더 두려워하고 부정하며, 더 비인간적인 방식으로 죽음을 맞이하게 되었다는 것이다. 퀴블러-로스는 이러한 시대상황에서 "보다 인간적인 방향으로" 죽음을 접할 수 있는 방식을 고민하면서 이 책을 시작한다.

퀴블러 로스의 『죽음과 죽어감』은 상당히 드라마틱하다. 1965년 가을, 퀴블러-로스에게 시카고 신학교의 학생 네 명이 찾아와서 도움을 요청한다. 이 네 인간은 '인간 삶의 위기'에 관한 논문을 쓰다가 '죽음이야말로 인생 최고의 위기가 아니겠는가?'라는 결론을 내리게 되고 말기 환자들과의 면담을 요청한다. 의사들은 학생들의 이러한 생각을 비난했다. 그러나 놀랍게도 환자들이 적극적으로 말하고자 했다. 그래서 매주 시한부 환자를 만나기 시작했다. 200명이 넘는 환자들과 인터뷰를 했다. 세미나가 널리 알려지면서 다양한 인간들이 참석했는데, 세미나가 끝나기 전에 자리를 뜨거나 환자에게 격한 분노를 터뜨리는 학생들도 있었다. 그리고 이들과의 세미나의 결과로 죽음과 죽어감에 대한 일반적인 과정이 그려졌다.

첫 번째는 '부정'이다. "환자의 첫 번째 반응은 일종의 쇼크 상태이다. 무의식 속에서 우리는 모두 불멸의 존재이기에 우리 자신이 죽는다는 사실을 받아들이기 힘들다."[56] 왜냐하면 "어쩌면 죽음이란 결코 나 자신에게만큼은 일어날 수 없는 일이라는 인간의 무의식속에 자리 잡은 절대적인 믿음"(10)이 깨어지는 순간이기 때문이다. 200명이 넘는 환자 대부분이 자신의 병을 알았을 때 부정의 반응을 보였다. 어떤 환자는 마침내 자신의 병을 인정하기까지의 과정이 '길고도 값비싼 의식'이었다고 표현했다고 한다. 200명이 넘는 환자 가운데 몇 명의 환자는 끝까지 자신의 병을 인정하지 않았다. 그 중 한 중년의 미혼 여성은 끝까지 치료를 거부하고 부정의 태도로 일관했다. 그녀는 진한 화장을 했지만, 점차로 기괴한 모습으로 변해 갔다. 그녀의 마지막 말은 "더 이상은 도저히 못하겠어요"였다.

두 번째 단계는 '분노'다. 대부분의 인간들은 끝까지 자신의 죽음을 부인할 수 없다. 자연히 그들은 분노의 단계로 넘어간다. 그 때 '왜 하필이며 나인가?'라는 강한 분노의 마음이 생긴다. 인터뷰한 환자 중에서 G박사는 자신의 분노의 감정에 대해서 다음과 같이 말한다(84).

> "저 같은 상황에 처한 인간이라면 누구나 다른 인간을 바라보면서, 왜 저 인간이 아니고 나일까 하는 생각을 하게 되죠. 그 생각이 몇 번이고 떠오르더군요. 그 무렵 제가 어릴적부터 알았던 노인을 길가에서 마주쳤어요. 여든 두 살 된 노인인데, 적어도 제가 보기에는 아무짝에도 쓸모없는 인간 같았어요. 류머티즘 환자에 절름발이고, 불결하고...절대로 되고 싶지 않은 그런 인간이었어요. 문득 이런 생각이 들더군요. 왜 저 영감이 아니라 나여야 할까?"

퀴블러-로스는 분노에 대해 "어쩌면 누구라도 화가 나는 것이 당연하다. 우리의 삶이 너무 일찍, 너무 갑작스럽게 유린당하면 누구라도 그렇게 화가 날 것이다"(83)라고 말한다. 분노의 단계는 가족이나 병원 관계자들에게 매우 힘든 시기다. 간호사들은 종종 환자들의 분노의 표적이 된다. 주위를 둘러보아도 온통 마음에 안 드는 것 투성이다. 심지어 TV에서 젊은 남녀들이 춤추는 모습만 봐도 화가 난다.

세 번째 단계는 협상 혹은 타협의 단계다. 주로 신에게 거래를 한다. 한번만 살려주시면 착하게 살겠다든지, 평생 교회를 위해서 살겠다든지 하는 거래를 한다. 퀴블러-로스는 협상의 단계에 대해서 다음과 같이 말한다. "환자들의 '협상'이라는 것은 죽음을 미루기 위한 하나의 수단이다. 자신의 '선한 행위'에 대한 보상을 요구하는 것과 함께 스스로 정한 '시한' 같은 것이 포함된다."(135)

네 번째 단계는 우울의 단계다. 유방암이나 자궁암은 자신이 더 이상 여자가 아니라고 생각하며 우울해한다. 엄청난 치료비와 입원비도 부담이 된다. 우울의 단계는 이제 세상과 이별하는 준비의 시간이라고 할 수 있다. 중요한 것은 이 단계에 환자는 충분히 슬퍼하고 애도하는 시간을 가져야 한다는 것이다. 우울의 단계에 대해서 퀴블러-로스는 다음과 같이 말한다(145).

> 그런 상황에서 환자에게 슬퍼하지 말라고 말하는 것은 논리에 맞지 않는다. 우리는 사랑하는 인간 한 명을 잃으면서도 슬퍼하고 있지만 시한부 환자는 자신이 사랑하는 모든 것, 모든 이들을 잃어야만 한다. 환자는 곁에서 끊임없이 슬퍼하지 말라고 말해주는 인간과 함께 있을 때보다 자신의 슬픔을 표현할 수 있게 해 주는 인간과 함께 있을 때 마지막을 훨씬 더 편안하게 받아들인다."

이 때는 많은 위로의 말도 불필요하고 지나치게 명랑하게 해서 분위기를 띄워 주려 해서도 안된다. 지나치게 기운을 돋구어주려는 인간들은 오히려 환자가 죽음을 준비하는데 방해가 된다.

다섯 번째 단계는 수용의 단계다. 이 때는 많은 말이 필요하지 않다. 어설픈 위로도 필요 없다. 그저 옆에 있어주면 된다.

퀴블러-로스는 침묵이야말로 가장 좋은 교감이 될 수 있다고 말한다.

여기까지가 퀴블러-로스의 5단계다. 5단계가 가장 유명하지만 사실 5단계는 책의 절반에 해당될 뿐이다. 퀴블러-로스는 희망과 환자의 가족과 평화로운 죽음에 대해서 더 말한다. 먼저, 희망과 관련하여 그녀는 5단계에서 공통적으로 발견되는 것이 바로 희망이라고 주장한다. 시한부 환자들과 상담해 보면 아무리 상황을 잘 받아들이는 현실적인 환자들도 완치의 희망을 조금이라도 가지고 있다는 것이다. 그래서 그녀는 "나는 불치병 환자이건 아니건, 그 어떤 환자도 결코 포기해서는 안 된다고 말하고 싶다. 인간은 전지전능한 존재가 아니므로 언제가 마지막이 될지는 아무도 모른다"고 말한다.

퀴블러-로스는 환자의 가족도 다룬다. 시한부 환자는 그 가족을 고려할 때에야 진정으로 그들을 도울 수 있기 때문이다. 가족의 반응은 환자에게 중요하다. 퀴블러-로스는 가족 중 한 인간이 환자 곁을 지키는 것을 반대한다. 그리고 환자의 가족이 겪는 죄책감과 여러 심리적 문제에 대해서도 논의한다.

책의 뒷 부분에는 시한부 환자들과의 인터뷰가 실려 있고, 평화로운 죽음에 대해서 말한다. 퀴블러 로스는 다음과 같은 말로 책을 끝을 끝맺고 있다(435).

> 죽어가는 환자들의 곁을 지켜주는 일은 인류라는 거대한 바다에서 개개인이 지니고 있는 고유함을 생각하게 한다. 그 일은 우리 자신의 유한함, 생명의 유한함을 일깨워준다. 그러나 짧은 시간 동안 우리 인간은 저마다 독창적인 삶을 살아감으로써 인류 역사의

한 올로 우리 자신을 엮어 넣는다.

배안의 물은 반짝이고/바다의 물은 어둡습니다/작은 진실에는 분명한 말이 있고/큰 진실에는 위대한 침묵이 있습니다 - 타고르, 「길 잃은 새들」 176장.

## 4 죽음학과 실존주의 심리치료

### 죽음학이란 무엇인가?

과거와 달리 오늘날 죽음에 대한 활동과 논의는 활발하다. '삶과 죽음을 생각하는 모임'과 같은 모임에서는 죽음 체험을 한다. 영정 사진을 찍고, 유서를 미리 작성하며, 관 속에 들어가는 체험을 한다. 과거에는 다소간 끔찍하게만 여겨지던 일들을 오늘날에는 일부러 시간을 내어서 하고 있는 것이다. 이러한 활동의 배후에는 이러한 활동이 삶의 의미를 발견하고 살아가는데 도움을 준다는 생각이 깔려 있다. 이와 더불어 죽음에 관한 논의도 풍성하다. 급기야 죽음학(thanatology)이라는 학문마저 생겼다. 죽음학은 죽음과 관련된 제반을 연구하는 학문으로서 일반적인 자연사 뿐 아니라 자살, 낙태, 안락사 등 죽음과 관련된 일체의 일들을 그 내용으로 하고 있다.[57]

죽음학이라는 학문은 단지 죽음(θάνατος)만을 연구하는 학문(λόγος)이 아니다. 앞에서 이야기한 것처럼 죽음이 삶과 깊게 결부되어 있기에 죽음을 연구하는 것은 동시에 삶(βίος)을 연구하는 것이 된다. 그래서 죽음학이라는 말을 사용하지 않고 '생사학(生死學)'이라 부르기도 하고 심지어 죽음을 앞세워 '사생학(死生學)'이라고 부르기도 한다. '생사학'이든 '사생학'이든 결국 죽음학이 죽음만을 관심사로 여기는 것이 아니라 죽음과 결부된 삶을 문제 삼는다는 것은 분명해 보인다.

미국에서는 이미 1963년 경부터 '죽음학'이 대학의 교과목으로 채택되었고, 죽음 학회 내지 죽음 교육과 상담에 관한 학회가 30년 이상 학술대회를 열고 있다. 핀란드에서도 1983년 근사체험에 관한 논문이 발표되어 반향을 일으켰다고 한다. 독일에서 태어나 미국에서 철학박사 학위를 받고 일본의 대학에서 가르쳐 온 알폰스 데켄(Alfons Deeken) 신부는 1970년대부터 일본에서 바람직한 죽음 문화의 정착을 위해 노력해 왔다. 우리 나라에서도 2005년 한국죽음학회가 창립되어 계속해서 활동하고 있다.[58]

### 죽음과 정신 발달

실존주의 심리치료에 따르면, 죽음은 정신 병리 및 발달과 깊은 연관성을 가지고 있다. 예를 들어 한 정신분열증 환자가 암에 걸리자 분열증이 치료된 사례를 들 수 있다. 이를 통해 실존주의 심리치료자들은 죽음에 대한 회피와 억압이 정신 병리를 불러일으킨다고 주장할 수 있었다.

죽음은 인간의 발달과정과도 밀접한 연관을 맺고 있다. 최초 출생시 아기는 출생의 외상을 경험한다. 랑크(O. Rank)는 "아이가 태어날 때 우는 이유는 모태의 환경과의 너무나 큰 차이 때문이다. 아이는 공포와 불안 때문에 운다. 아이에게는 마치 죽음과 같은 두려움이 임하는 것이다"라고 출생의 외상(Geburtstrauma)을 언급했다. 이러한 체험이 죽음과 가깝지만 여전히 죽음 자체를 인지하고 자각한 것은 아니다.

아이가 죽음에 관심을 기울이는 최초의 시기는 대략 3-8세 사이이다. 이에 대해서는 다양한 임상 보고서가 있다. 3살 9개월 된 제인은 어머니에게 죽음에 대해서 물어 보았다. 제인은 "나도 죽어요? 모든 인간은 죽어요?"라고 물었고, 어머니는 "그렇다"고 대답했다. 그러자 제인은 서럽게 울면서 "난 죽기 싫어요, 난 죽기 싫어요..."라고 말했다.[59]

사실 이 시기에 죽음에 대한 잘못된 접근을 하게 되면 아이의 발달에 잘못된 영향을 끼치기 쉽다. 이러한 문제에 도움을 주기 위해 죽음 동화가 제작되었고 사용되고 있다. 죽음 동화들은 죽음을 올바로 대하게 하며, 죽음을 직면하는 것을 돕는다.

학령기가 되면 죽음에 대한 관심이 다소간 감소한다. 그러나 청소년기에는 죽음에 대한 관심이 또 다시 고조되고 활성화된다. 그래서 청소년들은 공포 영화를 좋아하며 자칫 잘못하면 자살에 빠져들게 된다.

청년기에 죽음에 대한 관심은 감소되다가 중년 위기에 이르게 되면 그 이후로부터는 계속해서 죽음을 의식하고 살아가게 된다. 중년의 위기란 무엇인가? 어떻게 보면 과거에는 중년이라는 개념이 희박했다. 왜냐하면 많은 인간들이 30~40대에 죽었기 때문이다. 그들은 청년에서 급박하게 장년기를 거쳐 곧바로 노인이 되었다. 그러나 수명이 늘어나 이제 중년기가 가지는 비중이 커졌다. 중년기의 특징 중 하나는 죽음을 비로소 인식하게 된다는 것이다.

본능적으로 살아온 날보다 살아갈 날이 적다는 것을 깨닫는다. 그래서 심한 경우에 사추기에 빠지기도 한다.[60]

중년이 되면서 인간이 크게 바뀌기 때문에 융은 인생을 전반전과 후반전으로 나눈다. 중년기는 후반전에 접어든 인간들이다. 대니얼 레빈슨은 『여자가 겪는 인생의 사계절』과 『남자가 겪는 인생의 사계절』이라는 책에서 인생을 봄, 여름, 가을, 겨울로 나눈다.[61] 중년의 단계에 대한 연구를 집중적으로 시도했었던 레빈슨은 중년에 이루어야 할 네 가지 균형을 말한다.

> 애착과 분리의 균형
>
> 젊음과 늙음의 균형
>
> 남성성과 여성성의 균형
>
> 삶과 죽음의 균형[62]

죽음과 관련하여 새로운 국면으로 접어드는 중년기에 대해서 레빈슨은 '균형'을 강조한다. 반면 실존주의 심리학자 어빈 얄롬은 '직면'을 강조한다. 얄롬은 실존주의 심리학자인데, 실존주의 심리학자들은 대체로 죽음을 회피하지 말고 죽음을 직면하는 것이 정신 건강에 매우 유익하다는 점을 강조한다. 얄롬은 *Staring at the Sun*(한글 번역본의 제목은 『보다 냉정하게 보다 용기있게』이다)이라는 책을 썼다.[63] 이는 정신분석의 금언 중 하나인 "태양을 보지 말라"라는 주장에 정면으로 도전하는 제목이다. 여기에서 태양은 죽음이다. 태양을 보면 안되듯, 죽음을 생각하거나 보아서는 안된다는 것이다. 유명한 심리학자이자 철학자인 에리히 프롬(E. Fromm)도 삶을 생각하는 것은 선한 것이고 죽음을 생각하는 것은 악한 것이라고 주장하면서 죽음을 생각하지 말 것을 강조한다. 그러나 얄롬은 죽음을 회피함으로서 삶의 많은 문제가 발생한다고 주장하면서 죽음을 직면할 것을 권한다.

### 하이데거의 『존재와 시간』에서 본 죽음

하이데거는 인간을 현존재(Dasein)라고 부른다. 현존재라는 말은 존재(Sein)가 나타나고 개방되는 장소(Da)를 의미한다. 현존재를 의역하면 '존재개방장소'라고 불러도 무방할 것이다. 하이데거가 인간을 이렇게 정의한 것은 인간을 이성적인 동물(ζῷον λόγον ἔχον, 직역하면 말을 가진 동물)로 보지 않고 존재와의 관계에서 이해하고자 한 노력의 결과이다. 우리는 인간을 동물과 비교해서 정의하려고 한다.

하이데거는 인간 현존재의 특징을 '자신의 존재를 문제 삼을 수 있는 존재'라고 설명했고, 실존(Existenz)이라고 말한다. 박찬국은 하이데거의 실존에 대해서 다음과 같이 설명한다.[64]

> 실존이라는 말로 하이데거가 의미하는 것은 인간은 자신의 존재를 문제 삼을 수 있는 존재라는 것이다. 이 경우에 자신의 존재를 문제 삼을 수 있다는 것은, 우리가 어떤 대학에 들어가고 어떤 직장을 택할 것인지를 문제삼을 수 있다는 데서 볼 수 있는 것처럼 삶의 어떤 특정한 상황을 문제 삼을 수 있다는 것뿐 아니라 탄생에서 죽음에 이르는 삶의 전체까지도 문제삼을 수 있다는 말이다. 우리는 죽음으로 끝나는 삶을 앞에 두고서 왜 우리가 살아야 하는지

그리고 이러한 죽음에도 불구하고 충만한 의미를 가질 수 있는 삶은 어떠한 삶인지 물을 수 있는 것이다.

이러한 실존적 성격은 인간이 자연적인 존재가 아니라 역사적인 존재로 존재하게 하는 근거이다.

하이데거에 따르면 인간은 자신의 존재를 문제 삼을 수 있는 존재이다. 특히 여기에서 이 존재자의 존재는 각기 나의 존재이다. 자신의 고유한 존재가 문제가 되는 것이다.[65] 하이데거는 이를 각자성이라고 한다. 여기에서 각자 존재, 고유한 존재라는 말은 매우 중요하다. 인간은 그 누구와도 다른 각자이며, 그리고 그 누구와도 동일하지 않은 각자의 삶을 살기 때문이다. 그렇기 때문에 어떤 면에서 인생의 문제에 대한 답도 누군가 대신 내려줄 수 없다. 각자는 자기의 삶에 대한 물음의 답을 스스로 찾아내야 하는 것이다.

인간 실존의 또 다른 특성은 그가 가능 존재라는 것이다. 인간 실존의 또 다른 근본특성은 가능성이다. 하이데거는 현실성보다 가능성을 더 근본적인 것으로 간주한다. 책상의 있음은 완성된 있음인 것에 비해 인간의 있음은 완성되지 않은 것이다. 그래서 인간은 끊임 없이 자신의 존재를 걱정해야 한다. 예를 들어 우리는 어떤 인간을 "저 인간은 점원이다"라고 서술할 수 있다. 그 인간이 지금 점원인 것은 맞지만 점원이라는 직업으로 그를 정의할 수는 없다. 그는 운동선수가 될 수도 있고, 빵가게 주인이 될 수도 있다. 그래서 하이데거에게는 가능성이라는 범주가 현실성이라는 범주보다 실존적으로 더 중요한 의미를 가지게 된다.

그래서 하이데거에 따르면 인간 현존재는 자신의 전체 존재를 문제삼으면서 자신의 본래적이고 고유한 존재 가능성'이 무엇인지 고민하며 자신의 고유한 가능성을 실현하며 살아야 하는 과제를 가지고 있다.[66] 이처럼 인간에게는 각자성(고유성)과 가능성이 근본적인 차원을 이루고 있는데, 여기에 사회적 '획일성'이 개입하게 된다. 대부분의 인간들은 자신의 가장 고유한 가능성에 따라 고유한 자신으로 살아가는 것이 아니라 그들(Das Man, 세인으로 번역되기도 한다)의 가능성과 가치에 따라서 살고 있다.

'그들'은 사실상 아무도 아니다. 그들이 만들어낸 기성의 관념이나 질서와 여론에 따라 살아가는 삶을 하이데거는 비본래성(Uneigentlichkeit)이라고 불렀고, 또한 빠져있음(Verfall, 퇴락)이라고 불렀다. 인간이 비본래적으로 실존할 경우 경우 빈말을 일삼고, 진지한 관심 보다는 호기심에 빠지고, 애매하게 살아가게 된다. 이렇게 현존재가 세인의 공공성 속에서 자기를 상실하고 빠져있을 때, 현존재에게 자기의 고유한 존재 가능성은 은폐되고 현존재는 소외된다.

비본래적인 삶을 살고 있는 인간이 그것을 극복하기 위해서는 그러한 삶 전체를 무의미하게 만드는 어떤 내적 사건을 통해서 본래적 실존으로 도약할 수 있다. 비본래적으로 살고 있을 때에도 본래적인 실존은 완전히 제거된 상태로 있는 것이 아니라 은폐된 상태로 있다. 실제로 비본래적인 실존이라는 것 자체가 본래적인 실존가능성으로부터의 도피인 것이다. 또한 빠져있음은 무엇보다도 "죽음 앞에서의 도피"이며 "종말 앞에서의 회피"이다.[67]

하이데거는 비본래적인 실존에서 본래적인 실존으로 도약하기 위해서는 근본기분을 거쳐야 한다고 주장한다. 대표적인 근본기분으로 불안이 있다. 불안은 존재자 전체가 무의미하게 드러나는 경험을 의미한다. 특히 불안은 현존재로 하여금 자신의 본래적인 가능성을 향한 결단에로 몰아가는 근본기분이다. 하이데거는 두려움과 불안을 구분한다. 두려움에는 대상이 있다. 그러나 불안에는 대상이 없다. 불안의 대상은 자기가 외면한 자기 자신이기 때문이다. 비본래적인 실존이라는 것 자체가 본래의 자신[과 자신의 존재 가능]으로부터 도피하여 세계 내부적 존재자에게 몰두하고 그것들에 의지하려는 것이기 때문이다. 불안을 통해 세계의 의미성이 무너지며 무의미의 심연에 직면하게 된다.

그러나 불안이 부정적인 것만은 아니다. 불안을 통해서 현존재의 가장 독자적인 존재가능성이 개시되기 때문이다. 세계가 무의미한 것으로 드러나면서 현존재의 본래적인 가능성이 그 자체로 개시된다. 이제 현존재의 빠져있음이 무엇으로부터 빠져있음인지가 분명하게 드러난다. 그것은 불안에서 개시되는 세계 자체의 섬뜩함으로부터의 도피인 동시에 세인의 일상적이고 친숙한 세계로의 도피이다.

불안이라는 현상은 죽음이라는 현상과 불가분리의 관계에 있다. "죽음에 내던져져 있음이 현존재에게 더 근원적이고 더 절실하게 드러나는 것은 불안이라는 처해 있음에서이다. 죽음 앞에서의 불안은 가장 고유한, 무연관적, 건너뛸 수 없는 존재 가능 앞에서의 불안이다."[68] 죽음은 현존재의 가장 독자적인 존재가능성이 개시되는 사건이다. 죽음은 그 어느 누구도 대신할 수 없는 현존재의 가장 독자적인 가능성이다. 인간들은 인간이 죽는다는 것을 안다. 그러나 내가 죽는다고는 생각하지 못한다. '그들'이 죽는다고 생각한다. 그들이 아니라 내가 죽는다는 사실을 하이데거는 죽음의 각자성이라고 불렀다.

죽음에서 개시되는 자신의 독자적인 존재가능성을 떠맡는 것을 하이데거는 '죽음에로의 선구'라고 부른다. 불안은 이러한 죽음에로의 선구를 가능하게 한다. 하이데거는 선구, 즉 미리 달려가봄에 대해서 다음과 같이 설명한다.[69]

> 미리 달려가봄은....현존재를...그 자신이 될 수 있는 가능성 앞으로 데려온다. 이때의 자신이란, '그들'의 환상에서부터 해방된 정열적이고, 현사실적인, 자기 자신을 확신하고 불안해하는 죽음을 향한 자유 속에 있는 자신이다.

이러한 죽음에의 선구는 양심을 통해서 입증된다. 양심은 본래적인 자기를 개시면서 그것에로 우리를 부르는 가장 고유한 존재가능에로의 부름이다. 양심의 소리는 철저하게 불안에 의해서 질서지워져 있다. 양심은 말없이 우리를 부르면서 본래적인 실존가능성을 개시한다. 양심은 현존재를 진정한 세계-내-존재로 다시 태어나게 한다.

하이데거는 이렇게 진정한 세계-내-존재로 태어나는 것을 결단(Entschlossenheit)이라고 부른다. 결단은 양심에 의해서 증언된 자신의 본래적인 존재가능성에 대해서 책임을 지면서 침묵속에서 불안이라는 기분을 떠맡는 것이다. 따라서 인간이 양심의 소리에 귀를 기울이면서 진정한 자기를 발견하고 세인의 지배를 벗어난 단독자가 되는 사건은 그 어떤 것으로 대체될 수 없는 자신의 고유한 존재를 발견하는 사건임과 동시에 진정한 현존재로 태어나는 역설적인 사건이다. 이 때의 기분을 하이데거는 불안과 결합되어 있는 기쁨이라는 말로 표현한다.

하이데거는 죽음 및 삶과 관련하여 죽음을 회피하지 말고, 죽음에로 앞서 달려나가 결단하여 자신의 고유한 가능성을 실현하면서 살아가라고 가르친다.

## 죽음과 인간다움

인간과 죽음은 분리될 수 없다. 오죽했으면 인간을 정의할 때 "죽을 자들"로 정의하겠는가? 인간의 죽음은 동물의 죽음과 다르며, 불사의 신은 인간의 죽음을 알 수 없다. 죽음은 심지어 인간의 고유한 능력으로까지 여겨지는 것이다. 앞으로 포스트-휴먼(post-human) 시대가 도래한다고 한다. 인간-이후의 시대, 인간이라는 것이 과거가 되어버리는 시대에 인간은 발달된 기술의 혜택으로 거의 죽지 않고 영원에 가깝게 살 수 있다고 믿는 인간들이 있다. 그들은 사실 죽음-이후의 시간을 살고 싶어 하는 것이다. 그러나 그것이 인간다운 것일까? 죽음을 넘어선 인간은 사실상 인간을 넘어선 인간이며, 그는 더 이상 인간이 아닌 그 무엇일 것이다. 그래서 호모-데우스(homo-deus)라는 괴상한 말도 만들어졌다.

인간은 죽는 자이며, 죽을 수 있는 자다. 잘 죽는 것이, 그래서 웰-다잉(well-dying)이 되는 것이 인간다운 것이다. 죽음을, 죽음을 받아들이는 법을 배우는 것은 중요하다. 우리에게 주어진 삶을 감사하게 여기고, 일정 기간 주어진 삶을 살다가 죽음 앞에 이르렀을 때 그것을 감사하게 여기고 내어 놓는 것, 그것이 더욱 인간다운 것이 아닐까?

톨스토이의 『이반 일리치의 죽음』과 엘리자벳 퀴블러-로스의 『죽음과 죽어감』은 산다는 것과 죽는다는 것이 무엇인지 깊게 배우게 하며 인간으로 하여금 인간답게 죽어갈 수 있는 방향을 제시하고 있으며, 그리하여 인간으로 하여금 인간답게 살아갈 수 있는 길에 도움을 준다.

## 생각거리, 볼거리, 읽을거리

### / 생각거리

1. 죽음을 생각하는 것은 유익한가?

세네카는 "생의 마지막을 준비하려 하고 준비하는 인간 외에 삶의 진정한 맛을 즐기는 인간은 없다"고 말했다. 죽음을 준비하는 것이 참된 삶을 살아가는데 도움이 된다는 것이다. 반면 에피쿠로스는 "우리가 존재하는 동안 죽음은 존재하지 않고, 죽음이 존재할 때 우리는 더 이상 존재하지 않는다. 그러므로 죽음에 대한 생각은 무의미하다"는 식의 논변을 취한다. 즉 나와 죽음은 만나지 않기 때문에 죽음에 대한 성찰은 무의미하다는 것이다. 현자는 죽음을 성찰하지 않고 삶을 성찰한다는 것이다. 세네카와 에피쿠로스의 입장 중에 어느 입장이 옳은가?

### / 볼거리

〈버킷 리스트〉, 로브 라이너 감독, 2008.

〈엔딩 노트〉, 마디 스나다 감독, 2012.

## / 읽을거리


E. A. Grollman.『아이와 함께 나누는 죽음에 관한 이야기』, 정경숙, 신종섭 역. 이너북스, 2008.

알폰스 디켄.『인문학으로서의 죽음교육』, 전성곤 역. 인간사랑, 2008.

엘리자베스 퀴블러 로스, 데이비드 케슬러.『상실 수업: 상실과 함께 살아가는 법』, 김소향 역. 인빅투스, 2014.

정현채 외.『삶과 죽음의 인문학』. 석탑, 2012.

김성일, 이강은.『톨스토이: 욕망이 아닌 사랑으로 살라』. 21세기북스, 2016.

슈테판 츠바이크.『톨스토이와 도스토예프스키: 빛과 어둠의 두 초상』, 장영은, 원당희 역. 자연사랑, 2001.

정막래.『똘스또이의 후기 문학 세계』. 계명대학교 출판부, 2008.

레프 톨스토이.『톨스토이 고백록』, 박문재 역. 현대지성, 2018.

박찬국.『들길의 사상가, 하이데거』. 그린비, 2004.

마르틴 하이데거.『존재와 시간』, 이기상 역. 까치, 2013.

05

# 희망

## 희망하는 인간

희망이란
본래 있다고도 할 수 없고 없다고도 할 수 없다.
그것은 마치 땅 위의 길과 같은 것이다.
본래 땅 위에는 길이 없었다.
한 인간이 먼저 가고
걸어가는 인간이 많아지면
그것이 곧 길이 되는 것이다.[70]

인간은 생물학적 생명을 가진 물질적인 존재이다. 인간은 생물학적 생명을 유지하기 위해 먹어야 하는 물질적인 존재이다. 또한 동시에 인간은 열정과 의지를 가진 정신적 존재이다. 의지와 열정은 희망에서 나온다. 희망은 인간이 열정과 의지를 가지고 살도록 추동하는 에너지이다.

여기서는 희망을 다루고 있는 두 권의 책을 소개하고자 한다. 한 권의 책은 '사회적 상상으로서의 희망'을 말하는 『소셜픽션 : 지금 세계는 무엇을 상상하고 있는가』이고, 다른 한 권의 책은 '뉴욕, 꿈꾸는 모든 인간의 고향으로서의 희망'을 노래하는 『내 코끼리만한 희망 : 꿈을 이루려 뉴욕으로 떠난 15인의 희망 전쟁』이다.

## 2 사회적 상상으로서의 희망: 『소셜픽션: 지금 세계는 무엇을 상상하고 있는가』[71]

『소셜픽션 : 지금 세계는 무엇을 상상하고 있는가』는 다양한 분야에서 활동하고 있는 7명의 저자가 함께 쓴 책이다. 9장의 두 꼭지를 쓴 강정수는 구글뉴스랩의 운영진이며 메디아티의 대표를 지냈으며 2019년 7월 8일부터 청와대 디지털소통센터장으로 일하고 있다. 2장, 5장, 6장, 7장의 각각 한 꼭지를 쓴 김산은 개발자, 콘텐츠 기획자 등 다양한 직업을 거쳐 현재는 아이들이 살 세상을 상상하고 기획하고 만드는 일을 하고 있으며 '똥탱 아빠'라는 이름으로 육아 관련 글을 쓰고 있다. 9장의 한 꼭지를 쓴 한국블록체인협회 이사 김진화는 다양한 경계를 넘나들면서 활동하는 사회 혁신적 기업가로 평가받은 바 있다. 4장, 7장, 8장의 각각 한 꼭지를 쓴 윤지영은 국회입법조사처 복지노동팀과 선진과 창조 국회 교섭단체에서 근무했으며, 현재 한국경제TV 와우스타 문화부 팀장이다. 7장의 두 꼭지와 9장의 한 꼭지를 쓴 이성은은 서울시여성가족재단 연구위원, 희망제작소 부소장 등을 지냈으며 2018년 4월 경찰청 성평등정책담당관으로 임용됐다. 1장의 한 꼭지와 6장의 두 꼭지 그리고 8장의 한 꼭지를 쓴 이숙현은 시사칼럼니스트로서 다양한 언론매체를 통해 활동하고 있다. 6명의 저자가 쓴 부분을 제외한 나머지 부분을 모두 쓴 이원재는 경제평론가로서 칼럼과 방송을 통해 정책 분석과 대안 제시를 하고 있으며, 싱크탱크인 〈LAB2050〉을 설립하여 대표이사를 맡고 있다.

소셜픽션(social fiction), 즉 사회적 상상이란 "사회에 대해 제약 조건 없이 상상하고 이상적인 미래를 그리는 기획방법"(13)이다. 소셜픽션은 사회문제에 대한 당장의 해법을 생각하는 대신, 최소 20년 뒤 또는 30년 뒤의 모습을 상상하여 일을 기획하는 역방향 기획을 가능케 한다. 이때 상상은 공상이나 예측이 아니라 의지를 담고 있다. '이렇게 되면 좋겠다'는 염원으로서의 의지가 담긴 상상이라는 것이다. 그러므로 상상은 예언자나 공상과학 소설가가 하는 것이 아니라, "특정한 사회나 조직의 변화를 원하는 인간들의 마음속 염원을 확인하는 일"(14)이다.

이 책은 "산업화와 민주화 이후 한국은 사회적 상상의 부재 상태"(23)라고 진단한다.

> 이 나라에는 사회적 상상이 사라졌다. 현실 자체도 답답하지만, 이것을 넘어선 세상이 어떤 모습일지에 대한 큰 그림이 없다는 사실에 더 숨이 막힌다. 영혼을 잠식하는 불안은 상상이 사라진 자

리에 무성해진다. 새로운 세대의 불안과 답답함의 이유가 여기 있다. 애써 상상력을 가져보려 해도 사회 시스템이 이를 가로막기 일쑤다. 한국 사회는 정치적 · 경제적 · 문화적으로 단단하게 굳어버렸다.

사회 변화는 미래와 과거가 밀고 당기는 가운데 일어난다. 이상적인 미래의 이미지가 앞에서 끌어당기고, 현실화된 과거가 뒤에서 밀어야 앞으로 걸어간다. 사회적 상상이 사라지면 인류 진보의 시계는 멈춘다. 거대한 벽 앞에서 좌절해 쓰러졌을 때 다시 일어서는 가장 좋은 방법은 벽 너머의 세계를 상상하는 것이다.(24)

한국 사회를 위와 같이 진단한 이 책은 "장기적 미래를 생각하는 이들이 꿈꾸는 미래 사회의 모습과 현재 진행 중인 가장 앞선 실험을 소개"(21)하고자 하는 목적 하에, 이미 세계가 사회적 상상으로 꿈틀거리고 있음을 실제 사례를 통해 보여준다. 이 책은 크게 두 부분으로 구성되어 있다. 1부는 "오늘을 바꾼 어제의 상상"이다. 현재를 있게 한 과거의 상상으로 소개되고 있는 사례는 장 모네(Jean Monnet)와 유럽연합(EU, European Union), 넬슨 만델라(Nelson Mandela)와 아파르트헤이트(Apartheid) 철폐, 에른스트 비그포르스(Ernst Johannes Wigforss) · 페르 알빈 한손(Per Albin Hansson)과 스웨덴의 보편적 복지, 무함마드 유누스(Muhammad Yunus)와 그라민 은행(Grameen Bank), 서명숙과 제주 올레길이다.

2부는 "내일을 바꿀 오늘의 상상", 즉 미래를 가능케 할 현재의 상상을 담고 있다. 이 책의 저자들은 사회 혁신가들의 모임인

〈스콜월드포럼〉에서 '소셜픽션'을 알게 되었으며, 혁신적 아이디어의 축제인 〈아스펜 아이디어 페스티벌〉에서 기술과 사회의 행복한 만남을 목격하였다. 또한 자본과 사회적 투자를 하도록 매개하는 장터인 〈사회적 자본시장 컨퍼런스〉에서 착한 자본을 상상하게 되었고, 전 세계의 책임 있는 청년 리더들이 '지속가능성'이라는 주제에 대해 논의하는 〈세계청년리더포럼〉에서는 새로운 사회에 부합하는 권력구조와 국제협력체계의 중요성을 깨닫게 되었다. 이 책은 이러한 것들로부터 얻은 통찰을 기초로 하여, 현재 세계가 실험하고 있는 소셜픽션을 찾아내어 소개하고 있다. 그 사회적 상상의 실험들은 참여, 자립, 달라지는 정부, 알고리즘 사회라는 네 가지 키워드로 요약된다. 미래사회에는 자립한 모두가 참여하여 정부로 하여금 변화되도록 도전하며, 기계가 단순 반복노동을 대체하여 인간은 인간관계를 중시하는 "심오한 놀이"[72]에 더 많이 참여할 수 있다는 것이다.

## 참여에 대한 사회적 상상과 실험

더 많은 인간들이 자신의 생각을 열린 방식으로 담아내는 상상과 실험, 모두가 '참여하는 시민'이 되어 지식과 경제와 도시와 정치를 함께 이끄는 소셜픽션은 집단지성, 공유경제, 기업과 지역의 상생, 직접민주주의라는 형태로 나타난다. 집단지성은 지식에서의 참여를 나타내는 모델이다. 위키피디아(Wikipedia)는 지식엘리트중심의 지식생산구조를 집단지성 중심의 지식생산구조로 변화시킨 대표적인 사례이다. 위키피디아를 처음 만든 지미 웨일스

(Jimmy D. J. Wales)는 '정보의 적십자(Red Cross of information)'를 만들고자 했으며 위키피디아는 그 역할을 톡톡히 하고 있는 것으로 평가받고 있다.

공유경제는 경제에서의 참여를 보여주는 모델이다. 공유경제는 사용하지 않는 공간, 기술, 물건 등의 자산을 공유하는 경제모델을 가리키는데, 최근 들어 공유경제는 소유는 인간의 본성이라는 '소유권 신화'에 대해 근본적인 문제제기를 하며 빠르게 성장하고 있다. 이러한 공유경제는 젊은 세대 사이에서 협동소비의 형태로 나타나고 있다. 협동소비란 적게 생산하고 적게 소비하며, 자산을 새로 만드는 대신 유휴자산을 최대한 활용하여 가치를 높이고 소비하며, 소유 대신 접근권이나 이용권을 획득하여 사용하는 것이다.

경제에서의 참여를 보여주는 또 다른 모델로 기업과 지역의 상생을 들 수 있다. 구체적인 사례로 자포스의 다운타운 프로젝트가 있다. 이 프로젝트는 미국 온라인 신발 쇼핑몰 기업인 〈자포스〉와 라스베이거스의 상생 프로젝트로서, 라스베이거스로 본사를 이전한 자포스가 라스베이거스를 인간들이 편하게 거주하고 일하고 놀 수 있는 지역으로 만드는 것이 이 프로젝트의 취지이다. 하여, 자포스의 CEO 토니 셰이(Tony Hsieh)는 투자기준을 기업의 전통적인 투자지표인 투자수익률(ROI, Return On Investment)에 두지 않고, 지역수익률(ROC, Return On Community)과 행운수익률(ROL, Return On Luck)에 둔다고 말한다. 즉, 돈을 많이 벌어들이는 것이 투자목표가 아니라, 커뮤니티를 구축하고 확산하는 데에 얼마나 기여하고 다른 인간들에게 얼마나 많은 행운을 가져다주느냐가 기준이 된다는 것이다.

직접민주주의는 정치에서의 참여를 반영하는 모델이다. 구체적인 사례로는 몇몇 안건에 대한 스위스의 국민투표를 들 수 있다. 국민투표의 경우 석 달에 걸쳐 투표를 진행하는 등, 스위스는 대의민주주의를 운영하면서도 직접민주주의의 요소를 일부 채택하고 있다. 대의민주주의가 공고화된 현재, 직접민주주의 정신을 구체화하기까지는 오랜 시간이 걸릴 것으로 예상되지만, 스마트 시대가 일반화되면 대의민주주의는 쇠퇴하고 새로운 직접민주주의가 등장할 것이라고 전망된다.

### 자립에 대한 사회적 상상과 실험

자립은 참여의 전제이다. 이 책에서는 자립을 상상하고 실험하는 여러 사례들이 등장한다. 여기서는 그 중 대표적인 사례로 어큐먼 펀드(Acumen Fund)의 설립자 재클린 노보그라츠(Jacqueline Novogratz)의 사회적 상상과 실험을 소개하고자 한다. 재클린은 르완다의 수도 키갈리의 거리를 걷다가 한 소년이 입은 파란 스웨터를 보고 세계가 연결되어 있다는 사실을 깨달았다. 재클린은 자기가 어릴 때 입었던 그 스웨터가 재활용 가게에 기부되어 여러 경로를 거쳐 미국에서 르완다까지 온 것을 보고, 미국 버지니아의 여자아이와 마찬가지로 르완다 키갈리의 남자아이도 스웨터와 존엄과 성장의 기회가 필요하다는 사실을 깨달은 것이다.

재클린은 기회의 격차가 금융에서 시작된다고 보았다. 하여, 빈곤층에게 기회를 제공하는 금융, 가난한 인간이 자립하도록 돕는 금융, 사회적 기업에 투자하는 금융을 상상했다. 재클린은 기존 자선사업이나 원조가 가난한 인간들을 더 가난하게 만들고 더 의존적으로 만들며 자립 의지를 박탈하는 상황을 극복하기 위해 빈민은행인 〈두테림베레〉를 설립하였다. 또한 새로운 펀드를 상상하고 설립하였다. 그 펀드는 자선기금을 모아서 비영리단체나 영리단체 양에 보조금이나 투자의 형태로 자금을 제공하는 한편, 가난한 인간들에게 필요한 서비스를 제공해주는 기업들에게는 큰 돈을 투자하고 빈곤 문제를 해결할 실질적인 주체가 되게 해주는 어큐먼 펀드였다. 재클린과 어큐먼 펀드는 돈이 인간을 끌고 가는 세계가 아니라 인간이 돈을 끌고 가는 세계를 상상한다. 이러한 펀드가 제공하는 기회를 통해 자립한 인간들은 자신이 주인이라는 자존감을 가지게 되고, 정치적 사회적으로 힘 있게 목소리를 낸다. 재클린의 상상은 금융이 그런 세상을 만들도록 기여하는 것이다.

## 달라지는 정부에 대한 사회적 상상과 실험

정부의 비효율과 무능을 변화시킬 수 있을까? 이 책은 민주주의 사회에서 시민들이 의지를 모은다면 정부의 변화가 가능하다는 것을 보여주며, 하나의 사례로 GDP에 대한 비판과 새로운 기준에 대한 상상과 실험을 소개한다. GDP는 한 국가의 경제발전 정도를 판단하는 가장 중요한 지표였다. 따라서 각국 정부의 경제정책은 경제성장률(GDP 증가율) 높이기에 초점을 맞춰왔다.

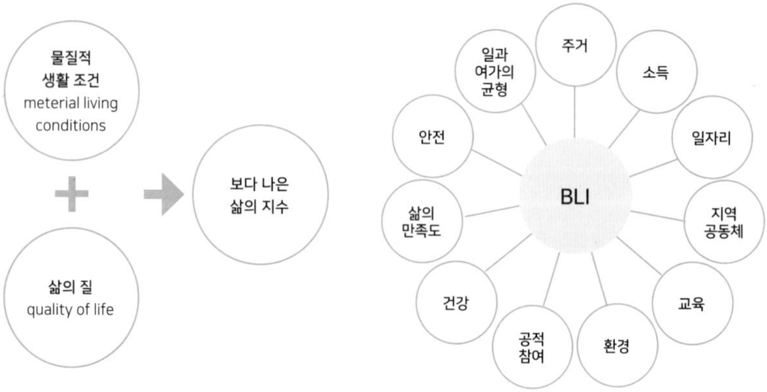


경제협력개발기구(OECD)의 '보다 나은 삶의 질 지수(BLI, Better Life Index)'

그러나 GDP가 한 나라의 경제 또는 그 나라 국민의 삶의 현주소를 명확하게 보여주는 지표인지에 대한 논란과 문제제기가 계속되고 있다. 이러한 논란의 출발점은 '인간들이 행복하지 않다'라는 것이었다. 국가정책의 목표도 경제 성장이 아니라 인간들의 행복도를 향상시키는 방향으로 변화되어야 한다는 것이다. GDP에 대한 대안이 모색되고 새로운 지표에 대한 상상이 시작되었다. 그 지표에는 경제뿐만 아니라 환경, 인권, 노동 등 눈에 보이지 않는 가치가 반영되어야 했다. 새로운 지표에 대한 상상은 경제협력개발기구(OECD)의 '보다 나은 삶의 질 지수(BLI, Better Life Index)' 라는 실험으로 나타났다. 이 지수는 물질적 삶의 조건과 삶의 질이라는 두 가지 영역으로 구성되어 있으며, 완성된 것이 아니라 계속 논의를 거쳐 개발과정에 있다.

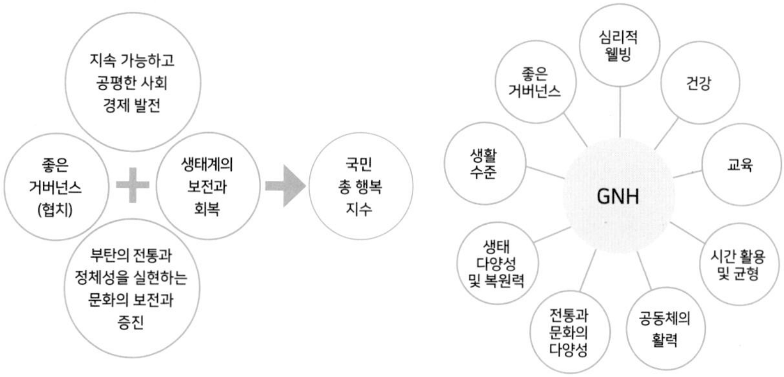


부탄의 국민총행복(GNH, Gross National Happiness) 지수

OECD의 '삶의 질 지수' 이전부터, 부탄에는 GDP에 대한 대안적 지표라고 할 수 있는 '국민총행복(GNH, Gross National Happiness)' 지수가 존재해 왔다. 국민총행복이라는 사회적 상상의 시작은 1972년부터였다. 17세의 나이로 부탄의 왕이 된 지그메 싱기에 왕추크(Jigme Singye Wangchuck)는 선진국의 모델과 경험을 연구하여 국가 통치의 근본정신을 고민한 결과, 경제 발전이 행복과 직결되지 않는다는 결론을 얻었고, 바로 거기서 국민총행복 지수라는 개념이 탄생했다. 대부분의 나라들이 '생산'을 삶의 척도로 삼는 것과 달리, 부탄은 '행복'을 삶의 척도로 생각한 것이다. 부탄은 국민총행복을 위한 네 가지 기본전략 하에, 국민총행복 지수를 구성하는 9개의 영역을 선정하고 세부지표 72개를 개발하여, 2008년부터 2년마다 국민총행복 지수를 조사, 발표하고 있다.

## 알고리즘 사회에 대한 사회적 상상과 실험

알고리즘이란 문제를 풀기 위한 과정(수학) 또는 주어진 문제를 해결하기 위한 연산과정(컴퓨터)을 의미한다. 알고리즘 사회란 기계가 문제 해결을 위한 연산과정을 통해 인간의 일을 대신 하는 사회를 가리킨다. 예를 들면, 기계가 알고리즘에 따라 기자처럼 기사를 쓰고, 약사처럼 처방전을 써주고, 변호사처럼 해당법률 상담을 해주는 것이다. 이러한 알고리즘 사회가 되면 인간은 먹고 살기 위한 생산 노동보다는 기쁨과 보람을 얻고자 일하는 인간이 더 많아질 것이라고 이 책은 전망한다.

알고리즘 사회를 살기 위한 사회적 상상과 실험은 어떤 것이 있을까? 이 책에서 소개하고 있는 여러 사례들 중 〈칸 아카데미(Khan Academy)〉가 우리의 흥미를 끈다. 칸 아카데미는 무료 온라인 교육 시스템이다. 헤지펀드 분석가였던 살만 칸(Salman Khan)은 사촌동생에게 원격 수학 과외를 해주면서 강의동영상을 유튜브에 올려놓은 것이 계기가 되어 칸 아카데미를 설립하였다. 모든 강의를 음성과 영상으로 온라인에서 구현하는 칸 아카데미의 학생들은 교사의 진도에 억지로 맞출 필요 없이 각자 자신의 속도와 방법으로 학습한다. 이러한 칸 아카데미의 교육은 '완전학습'과 '한 세상 학교'라는 교육철학을 구현한 것이다. 완전학습이란 학생 개개인의 능력과 학습 속도에 따라 수업을 구성해야 한다는 것이다. 한 세상 학교란 다양한 연령대와 국적을 가진 학생들로 이루어진 학교로서 다양성 존중의 교육 철학을 함축하고 있으며, 물리적 공간인 교실을 벗어난 탈교실 학교를 가리킨다. 탈교실 학교는 무시험과 무숙제로 이어지며, 교사의 역할도 기존 학교와 다르다. 교사는 수업진도를 열심히 나가면 되는 지식 전달자가 아니라, 가이드 겸 멘토 겸 코치 역할을 한다. 학습 지도의 많은 부분은 컴퓨터를 통한 알고리즘으로 관리하고 교사는 인성 교육에 집중하는 것이다.

### 소셜 픽션, 함께 모여 써보기

사회에 대해 제약 조건 없이 상상하고 이상적인 미래를 그리는 기획으로서의 사회적 상상은 혼자보다는 여럿이 함께 토론하고 만들어 갈 때 더 큰 가치와 효과를 기대할 수 있다고 이 책은 강조한다. 이 책에서는 소셜 픽션을 함께 모여 써보는 방법으로 두 가지를 소개한다. 하나는 '소셜픽션 컨퍼런스'이고, 다른 하나는 '소셜픽션 워크숍'이다. 소셜픽션 컨퍼런스란 불특정 다수의 인간들 또는 여러 집단의 이해당사자들이 모여서 특정 주제에 대해 소셜픽션을 쓰고 발표하고 토론하며 이야기를 모으는 회의 방법으로 일종의 '상상 이야기 잔치'이다. 그동안 개최된 소셜픽션 컨퍼런스로는 소셜픽션 컨퍼런스@어린이대공원(2013), 소셜픽션 컨퍼런스: 마을중심 문화도시 서울을 상상하라(2014), 소셜픽션 컨퍼런스: 시민의 상상이 대구의 미래다(2015), 달성군 유가읍 청소년 소셜픽션 컨퍼런스(2019) 등이 있다.

소셜픽션 워크숍은 15-40명 정도의 한정된 소수가 모여서 상상을 매개로 하여 장기 비전을 찾는 회의 방법이다. 같은 조직에 소속된 인간들이 공동의 목표를 모색하거나, 유사 영역에 종사하는 여러 다른 인간들이 함께 작업하여 각자 자신의 비전을 찾고

자 할 때 적합한 방법이 될 수 있다. 소셜픽션 워크숍은 상상 이야기에 머물지 않고 그 상상을 구체화하기 위한 선결 조건을 분석하고 그 조건을 달성하기 위한 실행 지점을 찾는 것까지 아우른다. 소셜픽션 워크숍의 구체적인 사례로는 소셜픽션 워크숍: 생연(생활연극네트워크)을 꿈꾸다(2015), 서교동 마을계획단 소셜 워크숍(2017) 등이 있다.

## 3 뉴욕, 꿈꾸는 모든 인간의 고향으로서의 희망: 『내 코끼리만한 희망 : 꿈을 이루려 뉴욕으로 떠난 15인의 희망전쟁』[73]

『내 코끼리만한 희망 : 꿈을 이루려 뉴욕으로 떠난 15인의 희망전쟁』은 이준 셰프가 15명의 뉴요커(New Yorker)를 인터뷰하여 쓴 책이다. 이 책의 공식적인 저자는 이준 셰프이지만, 넓은 의미에서 15명의 뉴요커도 이 책의 공저자인 셈이다. 이준 셰프는 인간과 요리 그리고 그 둘이 만나서 생기는 따뜻함을 좋아한다고 한다. 그는 셰프답게 다음과 같이 자신을 소개한다. 이준은 "열정 500g + 욕망 200g + 노력 200g + 감성 100g + 이성 200g + 무모함 50g + 진심 100g + 행운 2큰술 + 시련 2작은술 + 역마살 1/2컵"으로 이루어져 있다고 말이다.

이준 셰프는 대학에서 조리학을 공부한 후, 세계무대를 경험하고 싶다는 열정을 안고 뉴욕에 갔다. 수서 리(Susur Lee) 셰프의 레스토랑 〈마들렌(Madeline's)〉에서 일하다가 세계 3대 요리학교

중 하나인 뉴욕의 미국요리학교(The Culinary Institute of America, 이하 CIA)에 입학했다. 재학 중에는 토마스 켈러(Thomas Keller) 셰프의 레스토랑 〈퍼세(Per se)〉에서 엑스턴(extern)[74]을 했으며, 졸업 후에는 조나단 베노(Jonathan Benno) 셰프의 레스토랑 〈링컨(Lincoln Ristorante)〉에서 일했다.

이후 한국으로 돌아온 이준 셰프는 국내 최초로 요리사가 주도하는 팝업레스토랑 〈준 더 파티〉, 〈준 더 파스타〉 등을 열어서 요리에 자신만의 이야기를 담기 시작했다. 현재 파인다이닝 레스토랑 〈스와니예(Soigné)〉, 파스타 비스트로 〈도우룸〉, 만찬 컨셉 레스토랑 〈디어와일드〉를 운영하고 있다. 저서로 『내 코끼리만한 희망』 외에 『나는 맛있는 파티에 탐닉한다』, 『뉴욕 레시피』 그리고 『JUN the PARTY Cookbook』이 있다. 이준 셰프에 대한 다음과 같은 인터뷰 기사[75]는 그의 요리 철학을 함축적으로 보여준다.

> 그냥 단순히 서로 존중해줬으면 좋겠다는 생각이 있어요. 마치 의사가 환자를 위하고, 환자가 의사를 존중하듯이. 생명을 다루는 일과 음식을 다루는 일은 생산자와 소비자 자신이 행복을 얻고 싶어서 창작하고 소비를 하는 과정이라는 공통점이 있어요. 그치만 두 가지 일의 가장 큰 차이점은 존중의 문제에 있어요. 의사는 존경하되 요리사는 존경하지 않는다는 겁니다.
>
> 존중이 있으려면 커뮤니케이션이 있어야 해요. 커뮤니케이션이 있으려면 무엇인가 조건이 성립이 되어야 합니다. 대화를 할 때 동일한 언어의 사용이 커뮤니케이션의 조건이 되는 것처럼요. 이 조건이 성립되지 않는 경우가 '서로 잘 모를 때'라는 겁니다. 서로

를 모르면 오해가 생기고, 그럼 모든 소통에 문제가 생깁니다. 문제가 없으려면 손님은 요리사를 더 확실하게 알 수 있어야 하고 요리사는 손님이 더 확실하게 알 수 있게 해야죠. 그래서 전부 공개를 해야 된다고 생각했어요. 마치 공장 견학을 온 듯, 생산의 과정을 처음부터 끝까지 확인하고 이 산업에 있는 인간들이 어떻게 일을 하는지, 또 표정에서 드러나는 열정을 그대로 보여줄 수 있을 거라고 생각했죠. 저희들도 손님의 표정에 드러나는 피드백을 실시간으로 보면서 진행을 할 수 있으니까, 손님을 더 이해할 수 있다고 생각해요. 서로가 조금 더 가까워지는 거죠.

『내 코끼리만한 희망』에서 이준 셰프는 "뉴욕에 와서 자신의 뿌리를 내리고 새로 시작하는 인간들"(346)을 '뉴요커'라고 지칭한다. 이준 셰프가 볼 때 뉴요커는 "꿈꾸고 있고, 꿈을 꾸었던 적이 있으며, 꿈을 추억하는 인간들"(34)이다. 이 책에 등장하는 뉴요커는 인터뷰어(interviewer) 이준 셰프와 인터뷰이(interviewee) 15명을 합해서 모두 16명이다. 여기서는 출신국가별, 성별, 직업별 다양성을 고려하여 7명의 희망 이야기와 이준의 희망 이야기를 소개하고자 한다.

### 라우라 스트레이벨(Laura Streibel)의 희망 이야기

난 이 도시에서 태어난 인간도, 이 도시로 이민 온 인간도, 혹은 이 도시에 관광 온 인간도 모두 뉴요커라는 생각이 들어요. 이곳은 모두의 고향이 될 수 있고, 모두의 타향이기도 한 곳이라는 생각도 들어요. 꿈꾸기 나름이니까요. 이곳으로 오려고 난 브라질에서 태어났다는 생각이 들어요. 그러니 난 뉴요커고, 여기는 내 꿈의 고향이에요.(34)

10년 동안 뉴욕에서 살고 있는 브라질 출신의 셰프 라우라는 뉴욕 생활을 단 한 번도 후회하지 않았다고 한다. 라우라는 요리사가 되고 싶었다기보다는 단지 요리하는 것을 좋아할 뿐이었다. 작은 레스토랑을 경영하는 부모님을 돕기 위해 경영학을 전공했는데, 졸업을 앞두고 있을 무렵 요리사가 되어야겠다고 결심하고는 졸업 후 크루즈 레스토랑에 지원하여 2년 동안 일하면서 요리사로서의 첫 발을 내딛었다. 그 후 당시 세계적으로 유행한 슬로푸드 열풍이 시작된 이탈리아 피아몬테의 귀도 레스토랑에서 1년 반 동안 일했다. 그 레스토랑에서 함께 일했던 뉴욕 출신의 친구로부터 뉴욕에 대해 들은 라우라는 뉴욕 행을 결심하고 실행에 옮겼다.

라우라의 뉴욕생활은 뉴욕의 한 레스토랑에서 5일간 실습으로 시작되었다. 두 번째 뉴욕생활은 뉴욕의 퍼세 레스토랑에서 3개월간의 실습이었는데, 실습이 끝날 무렵 담당 셰프로부터 더 일해보자는 제안을 받고 정식 직원으로 일하게 되었다. 라우라가 이탈리아나 브라질에 살지 않고 뉴욕에 사는 이유는 뉴욕에는 "인간을 끌어당기는 보이지 않는 힘"(31)이 있기 때문이다. 뉴욕이 인간을 끌어당기고, 특히 꿈꾸는 청춘을 매료하는 이유는, 먼 미래를 바라보는 그들의 꿈이 뉴욕에서는 진지하게 환영받기 때문이란다.

**라나 천(Lana Chun)의 희망 이야기**

> 뉴욕은 끊임없이 예상치 못하는 놀라움을 주는 곳이에요. 미래는 자세하게 정해두지 않을래요. 앞으로 펼쳐질 내 인생이 뉴욕처럼 놀라웠으면 좋겠고, 그렇게 되리라 어렴풋하게 기대만 할래요.(127)

평소 그림을 좋아하던 라나는 열 살 때 샌프란시스코의 삼촌 결혼식에 갔다가 패션 디자이너였던 이모의 포트폴리오를 보고 강한 충격과 도전을 받았다고 한다. 그 이후 그림에 새롭게 눈뜬 라나는 주로 여성 모델을 그리기 시작했지만, 취미일 뿐이었다. 그림 그리기를 중단한 적은 없으나, 라나의 꿈은 피아니스트였다. 예술 분야가 특화된 일반 고등학교에 진학한 라나는 당연히 음악 전공을 선택했다. 그러나 2학년을 마칠 무렵 라나는 전공을 미술로 바꾸었다. 음악 강의실을 가기 위해서는 미술 강의실을 거쳐서 지나가야 했는데, 미술 강의실을 지날 때마다 발걸음을 멈추게 되고 들여다보게 되고 미술 공부를 선택하지 않은 것을 후회하는 자기 자신을 발견했기 때문이었다. 1학년부터 2학년까지 2년 간 전공한 음악을 뒤로 하고, 3학년과 4학년의 2년 동안 미술을 공부했다. 남들보다 늦게 미술 공부를 시작했지만, 그림을 취미로 계속 해왔기에 빨리 적응할 수 있었고, 모델 그림을 그렸었기 때문에 미술을 실용적으로 활용할 수 있는 방법도 생각할 수 있었다.

라나는 뉴욕 파슨스 디자인 학교(Parsons The New York School for Design)에 지원하여 합격했다. 패션 전공이지만 2학년

때까지는 바느질하는 방법도 잘 몰랐던 라나는 비실용적인 옷을 만들던 패션 전공 친구들과 달리 '입을 수 있는 예술'이라는 컨셉트로 실용적인 옷을 만들었다. 졸업전시회에서 라나의 옷과 그 옷에 대한 프리젠테이션이 주목을 받았다. 라나는 졸업 후 앤테일러(Ann Taylor)에서 일했으며 현재 클럽 모나코(Club Monaco)에서 프리랜서로 일하면서 또 다른 꿈을 꾸고 있다. 라나에게 뉴욕은 항상 꿈꾸게 하고 왜 뉴욕에 살고 있는지 끊임없이 되묻게 하는 곳이다. 하여, 뉴요커 8년차인 라나는 자신의 꿈을 삶으로 구체화시켜 나가도록 하는 뉴욕에 아직 있고 싶어 한다.

### 수잔 보겔(Susanne Vogel)의 희망 이야기

> 뉴욕에 있으면 주위에서 느껴지는 열정에 대한 감정이 마치 파도처럼 끊임없고 거대해요. 어느 때는 내가 파도를 타기도 했다가, 어느 때는 파도가 나를 덮쳤다가…… 올라갔다 내려갔다 하는 거죠.(163)

뉴욕에서 생활한 지 5년이 넘은 독일 출신 댄서 수잔은 10대 시절에 춤을 테라피 정도로 인식했으며, 춤으로 성공하겠다는 생각도 전혀 없었다고 한다. 그러다가 16세 때 아버지와 함께 런던에 놀러갔다가 브로드웨이 뮤지컬 〈시카고〉를 관람했는데, 주인공 록시 역을 맡은 독일배우를 보면서 브로드웨이 무대에 서고 싶다는 꿈을 꾸었다. 춤을 전공하지 않았지만, 수잔은 자신의 느낌과 주변의 추천으로 뉴욕에 갈 것을 결심했다. 그리고 아버지와 함께 뉴욕에 가서 뉴욕을 잠시 경험한 후 확신에 차서 뉴욕 행을 실행한다. 초기에는 비자 문제로 어려움을 겪기도 하고 춤 이외의 것 때문에 상처를 받기도 했지만, 비욘세 뮤직비디오 작업에도 참여하는 등 본격적인 프로댄서로서 뉴요커로 살고 있다.

수잔은 뉴욕에서 어른으로서 강해진 자기 자신을 발견한다. 수잔은 뉴욕에서의 5년이 다른 도시에서의 10년과 맞먹는 시간이라는 느낌을 받는다고 한다. 수잔에게 뉴욕은 꿈을 위한 도시인 동시에 환승역과 같은 곳이다. 꿈을 이루기 위해 뉴욕에 왔고, 처음 왔을 때 이루고 싶었던 꿈을 거의 다 이루었기 때문이다. 그러나 아직은 뉴욕에 있겠다는 수잔은 뉴욕에 오려는 인간에게 주저없이 그냥 저지르라고 말한다.

### 김정한(Junghan Kim)의 희망 이야기

> 뉴욕은 '수용 acceptance'라고 생각해요. 이 세상 모든 게 받아들여지고, 다민족과 다문화가 하나로 어우러질 수 있는 열린 문화의 도시, 모두가 하고 싶은 것을 할 수 있는 도시, 갑자기 어떤 인간이 길거리에서 노래를 부를 수 있고, 그것을 즐겁게 이해해주는 도시, 그리고 42번가 브로드웨이라는 최고의 경쟁무대가 있는 곳이죠.(185)

어린 시절부터 노래하는 게 그저 좋았던 한국 출신 뮤지컬 연출가 정한은, 중학교 때 가장 인기 없던 뮤지컬부에 들어가 뮤지컬에 빠져서 공부와는 담을 쌓았다고 한다. 중학교 3학년 때 아버지의 권유로 뉴욕을 처음 다녀온 정한은 고등학교 입학 2주 만에 자퇴하고 뉴욕 행 비행기를 다시 탔다. 정한은 미국 이모네 집에서 엄격한 이모부의 통제 하에 지내면서 한국인 학생이 한명도 없는 고등학교를 다니며 공부만 했다. 그나마 교회는 유일하게 외출이 허락된 곳이었는데, 교회에서 정한은 기타를 처음 배웠다. 아버지 사업이 망하는 바람에 등록금 부담이 적은 다른 고등학교로 전학 간 정한은 뮤지컬부에 들어가서 20년 동안 유명무실했던 뮤지컬부를 활성화시키고, 결국 대학도 뮤지컬 전공을 선택했다. 그러나 본격적으로 뮤지컬 공부를 할 수 있겠다는 기대를 학교생활 1년 만에 경제적인 문제로 접어야 했다. 더 이상 뉴욕에서 학업을 지속할 수 없다는 아픈 마음을 달래기 위해 갔던 42번가 브로드웨이에서 첫 버스킹을 한 후, 정한은 한국으로 돌아왔다.

한국에 돌아온 정한은 오디션을 거쳐 뮤지컬 배우로 활동하고 교회에서는 뮤지컬 연출을 하면서, 사회적 메시지를 담은 뮤지컬을 만들어 보고 싶다는 목표가 생겼다. 하여 정한은 뉴욕으로 다시 갈 결심을 하고, 1년 간 다녔던 맨해튼빌 칼리지(Manhattanville College)에 편지를 보냈다. 학교로부터 등록금 전액 장학금 지원을 약속하는 답장을 받은 정한은, 등록금 외의 경비를 마련하기 위해 자신의 혼의 일부나 다름없던 기타를 팔아서 뉴욕으로 돌아갔다. 이제 정한은 뉴욕에서 넘어지고 실패해도 다시 일어설 수 있게 될 것이다. 왜냐하면 정한에게 뉴욕은 자신의 꿈이 무엇인지 알게 해 준 곳이기 때문이다.

## 모토요시 레츠(Retsu Motoyoshi)의 희망 이야기

> 어느 날이었어요. 영화를 공부하고 작품을 찍으면서, 어느 순간 내가 지금까지 보지 못했던 나의 모습을 발견할 수 있었어요. 그건 일본에 있었을 때는 너무 당연해서 전혀 알아차리지 못했던 것인데, 일종의 '규칙'과도 같은 거였어요. 일본에서는 '영화는 이래야 하고 저래야 한다'는 특정한 규칙 같은 게 알게 모르게 있었던 거죠. 그걸 저도 당연하게 생각하고 따라가고 있었고요. 하지만 뉴욕에 와보니, 그런 규칙 따위는 존재하지도 않는다는 걸 알 수 있었어요. 뉴욕이 틀에 갇힌 나 자신을 볼 수 있게 해준 거죠. 그 후, 생각 없이 따르던 규칙에서 벗어나 나 자신만의 규칙을 만들고 가질 수 있는 기회를 얻었어요.(244)

대학에서 사회학을 전공한 일본 출신 영화감독 레츠는 영화를 좋아해서 부전공으로 영화를 공부했지만 직접 찍겠다는 생각은 못했다고 한다. 그런데 자신의 전공인 사회학이라는 학문이 현재를 분석하고 미래를 예측할 뿐 '지금은 없는 세상'을 만들지는 못한다는 생각이 들던 차에, 인생 영화 〈유레카〉를 보고난 후 세상을 바꿀 수 있는 영화의 힘을 알게 되었고 직접 영화를 찍어 보고 싶다는 생각을 하게 되었다고 한다. 레츠는 대학 졸업 후 2년간 일본 문화성에서 일본영화를 외국에 수출하는 일을 했는데, 그때 그는 일본 영화산업의 문제점을 인식하게 되었다. 일본 영화산업 자체가 감독들에게 도전적인 영화를 만들 수 있는 환경을 제공하지 못하기 때문에, 돈 잘 벌어들이는 유사한 패턴의 영화만 계속 제작된다는 것이다.

레츠는 다른 나라 영화들과 경쟁하지 않으려는 일본 영화산업에 실망하고 영화를 본격적으로 공부하기 위해 뉴욕에 왔다. 많은 해외여행 경험으로 외국생활은 익숙했지만, 공부를 위해 처음 뉴욕을 왔을 때는 낯설고 두려웠다는 레츠는 4년의 세월 동안 그 자신 많이 변했고 다양한 문화가 있다는 것을 알게 되었다. 영화를 통해 인간 사이의 관계를 조명하고 영화 촬영 과정에서 '인간들과 관계되는 것'을 좋아하는 레츠에게, 뉴욕은 자기 자신을 변하게 하고 다양성을 배울 수 있게 해주는 곳이다.

### 김주연(Jooyeon Kim)의 희망 이야기

> 뉴욕은 이런 게 아주 매력적이에요. 공공장소를 녹지로 만들어 자연과 인간이 잘 어울리도록 꾸민다든지, 오래된 건물을 부수지 않고 외관을 살려 보호한다든지 하는 거요. 그리고 다른 곳에서는 하기 쉽지 않은 특수한 일도 뉴욕에서는 쉽게 진행할 수 있어요. 뉴욕에서 진행되는 프로젝트 중에는 단지 뉴욕이라는 이유 하나만으로 가능한 게 있을 정도니까요.(298)

한국에서 평범한 중고등학교 생활을 하며 자란 주연은 한국 출신 건축가이다. 건축가인 아버지의 영향 때문이었을까? 주연은 아주 어린 시절부터 건물에 대해 관심이 많았으며, 대학 진학 때도 자연스럽게 건축 전공을 선택했다. 졸업 무렵부터 설계사무실에서 본격적으로 일을 배우기 시작한 주연은, 인간과 공간과 자연이 한데 어우러지는 건축을 공부하고 싶다는 열망이 생겼고 그때 가장 먼저 뉴욕이 생각났다고 한다.

주연은 뉴욕에서 공부를 마치고 현재 세븐스아트 그룹 Seventh Art Group에서 일하고 있다. 주연은 자신이 생각하던 건축을 이 회사가 실현하고 있다고 말한다. 왜냐하면, 이 회사는 인간들의 라이프스타일을 소재로 하여 하나의 이야기를 만드는데, 그 이야기 속에서 인간은 주인공이 되며 그 이야기의 배경이 될 공간을 만들어 내기 때문이란다. 주연에게 뉴욕은 새로운 시각과 새로운 시도를 가능케 하는 곳이다. 그리고 그것이 환상이든 현실이든 그것으로부터 뿜어져 나오는 에너지가 뉴욕을 살아있는 공간으로 만들고 그 속에 사는 인간들을 만날 수 있기에 주연은 뉴욕을 좋아한다.

### 케이시 이건(Kathy Egan)의 희망 이야기

이 세상에 내가 있어야 할 자리는 없는 듯 보였고, 나라는 인간은 항상 어떤 벽을 앞에 두고 사는 인간 같았어요. 그런데 뉴욕은 달랐어요. 지금까지 살면서 경험해보지 못한 해방감을 느꼈어요. 아무도 나를 이상하게 쳐다보지 않았고, 아무도 나에게 이상한 관심을 가지지 않았어요. 벽이 사라진 거예요! 그게 정말 기뻤던 거예요. 아무도 나에게 편견 섞인 관심을 갖지 않았단 말예요! 비로소 '아, 나도 저들과 같은 인간이구나' 그런 걸 느꼈다고요! 내가 남과 다르지 않다는 사실을 깨달았고, 여기서 내가 하고 싶은 건 뭐든지 할 수 있다는 걸 알았어요. 어느 누구도 내가 하는 일에 간섭하지 않았고, 이래라 저래라 하는 인간도 없었고, 결정적으로 독

선적인 기준으로 날 평가하는 인간이 없었어요.(329)

세프 케이시는 네 살 때 가족을 잃고 혼자가 되어 열 살 때 한국에서 미국으로 입양되었다. 입양된 가정에서 케이시는 자신의 뜻과 무관하게 바이올린을 배워야 했다. 고아로 살면서 느꼈던 고독한 혼란으로부터 벗어나지 못한 채로 갑자기 미국으로 입양된 케이시는, 자기 자신을 모두 잃은 느낌이었고 정말 하고 싶은 것이 무엇인지 모르는 상태에서 바이올린을 억지로 배웠다고 한다. 케이시는 열일곱 살에 고등학교를 졸업하고 양어머니의 바램대로 줄리어드 음대에 지원했다.

그러나 줄리어드 음대 입학 인터뷰를 포기하고 양어머니에게 바이올린을 더 이상 하지 않겠다고 선언한 후, 자신만의 인생을 찾기 위해 독립했다. 지원해주는 가족도 돈도 없이 혼자였던 케이시는 레스토랑 서버로 일을 시작하며 자기 주도적으로 삶을 만들어 갔다. 일하던 레스토랑의 매니저가 케이시를 다른 레스토랑에서 일할 것을 제안하였고 그 제안을 받아들인 케이시는 새로운 레스토랑에서 디저트 스테이션을 담당하는 요리사로 일하게 되었다. 그 후 케이시는 요리학교에 들어갔으며 졸업과 함께 본격적으로 셰프로서의 삶이 시작되었다. 수차례의 힘든 과정을 거쳐 케이시는 뉴욕 외곽에 있는 싸비에르 앳 피어몬트의 주방장이 되었다. 케이시에게 뉴욕은 줄리어드 음대가 있는 곳이 아니라 그녀의 인생을 변화시킨 곳이었다. 뉴욕에서 케이시는 비로소 해방감과 자신감을 느꼈으며 그것은 케이시 자신의 삶을 스스로 만들어 갈 수 있는 원동력이 되었다.

> 진정한 나를 만나려고 기어이 편안한 곳을 박차고 나온 내가 기특하고 뿌듯했기에, 어쩌면 내가 도착한 곳이 뉴욕이 아니어도 괜찮았을지 모른다. 아무도 알아주지 않지만, 나는 홀로 59번가를 걷는다. 언제나 어떻게 하면 더 아름답게 걸을 수 있을까 고민하며 걷는다. 내가 뉴욕에서 얻은 귀한 배움이 있다면 아마도 이것이 유일할 것이다. 나는 나를 위해 걸으려고 뉴욕에 왔다. 그것만이 내가 뉴욕에 온 의미 있는 이유일 것이다.(345-346)

이준은 "뉴욕에서 혼자 고고해지는 자신감"(346)을 갖게 되었으며, 그 자신감이 충만해지자 더 이상 뉴욕이 아니어도 좋다는 생각에 이르게 되었다고 말한다. 이준에게 뉴욕은, 고독한 자신감이 무엇인지 깨달은 인간이 걷는 곳이다. 하여, 이준의 뉴욕은 지리적 지명에 갇힌 뉴욕이 아니다. 영원한 뉴요커 이준의 희망은 무엇일까?

> ……하고 싶은 걸 하고 있었으면 좋겠어요. 어떤 게 하고 싶다가 아니라 하고 싶은 게 없어질 수도 있거든요. 5년 뒤, 10년 뒤, 미래의 그때에도 하고 싶은 것이 분명히 있고 그걸 하려고 했으면 좋겠어요. 요리와 사랑에 빠진, 난 요리 아니면 다 필요없어 이런 인간은 아니기 때문에 꼭 요리가 아닐 수도 있겠죠.[76]

뉴욕에서 깨달은 것처럼 자신만의 아름다운 걸음으로 삶을 살아가는 것, 그것이 이준의 희망이 아닐까?

뉴욕, 꿈꾸는 모든 인간의 고향으로서의 희망

### 뉴욕과 뉴요커, 희망의 다른 이름

이 책에서 뉴욕은 개방성, 다양성, 차이/다름, 새로움, 열정, 가능성, 실험, 변화 등의 상징으로 그려진다. 뉴욕은 개방성, 다양성, 차이/다름, 새로움, 열정, 가능성, 실험, 변화로서의 희망의 다른 이름인 것이다. 그렇기에 뉴욕은 구체적인 물리적 공간이지만 지리적 지명에 국한되지 않는다.

뉴욕은 희망을 인큐베이팅하는 곳이다. 뉴요커는 개방성, 다양성, 차이/다름, 새로움, 열정, 가능성, 실험, 변화로서의 희망을 품고 있거나, 그 희망을 품은 적이 있으며, 그 희망을 추억하는 인간들이다. 뉴요커는 뉴욕에 사는 인간만을 가리키지 않는다. 희망의 인간, 그 인간이 바로 뉴요커이다

## 4 희망, 인간의 조건

인류는 '낮꿈'으로서의 희망을 품어왔으며, 그 희망은 '유토피아'를 찾게 하고 만들게 하는 원동력이었다.[77] 그 희망은 현실을 도피하려는 것도 허황된 미래를 정당화하려는 것도 아닌 것으로서의 희망이다. 철저하게 현실에 발을 딛고 있되 현실에 매몰되거나 안주하지 않는 희망이다. 여기에 소개한 두 권의 책은 각각 개인적 차원과 사회적 차원에서 이러한 희망을 말하고 상상하고 실행으로 옮긴 이야기를 담고 있다. 『내 코끼리만한 희망』에서는 15명+1명의 뉴요커들이 뉴욕으로 상징되는 각자의 개인적 희망을 이야기한다. 『소셜픽션』은 여럿이 함께 모여서 사회적 상상으로서의 희망을 말하고 실험한 이야기이다.

희망은 '판도라의 상자' 안에 마지막까지 남아있던 것이었다. 그리스 신화에 의하면, 판도라(Pandora)는 제우스와 올림포스의 여러 신들이 만든 인류 최초의 여자이다. 모든(pan) 선물(doron)이라는 뜻의 판도라가 열어서는 안 되는 상자를 열었는데 그 상자 안에 있던 것들이 다 쏟아져 나왔지만 희망만은 남아있었다고 한다. 한편으로 상자가 열렸을 때 인간에게 쏟아져 나온 것들을 재앙이라고 해석한다면, 희망은 재앙으로 인해 절망이 가장 깊은 순간에 인간이 가진 마지막 카드로 볼 수 있다. 다른 한편으로 상자가 열렸을 때 인간으로부터 날아가 버린 것들을 선물이라고 본다면, 희망은 인간에게 남은 마지막 선물이 아닐까?[78]

그리스적 철학에서 희망은 인간적 고뇌와 열정과 열망의 다른 이름이며, 히브리적 신학에서 희망은 믿음과 사랑과 함께 신이 인간에게 부여한 덕목이다.[79] 인간적 고뇌와 열정으로서의 희망이든, 종교적 덕목으로서의 희망이든, 둘 다 희망이 인간의 조건임을 강조하고 있다. 희망은 인간으로 살아있음과 인간으로 살아감을 보여주는 증거이다. 희망은 인간이 인간임을 나타내는 가장 중요한 표지라고 해도 과언이 아닐 것이다. '인간'을 의미하는 그리스어 '안트로포스(anthropos)'는 '하늘을 보는 존재'라는 뜻을 가진다. 모든 동물이 '땅을 보는 존재'인 반면, 인간만이 하늘을 본다고 한다.[80] 하늘을 본다는 것은 희망한다는 것이다. 인간은 희망하는 존재이다.

하늘을 보는 존재로서의 인간

# 생각거리, 볼거리, 읽을거리

## / 생각거리

1. 여러분은 어떤 세상에 살고 싶습니까? 여러분의 사회적 상상은 무엇인가요?
2. 여러분의 '뉴욕'은 무엇(어디)인가요?
3. 여러분이 품고 있는 희망의 마인드맵을 그려 보세요.

## / 볼거리

〈쇼생크 탈출〉, 프랭크 다라본트 감독, 1994.

〈인생은 아름다워〉, 로베르토 베니니 감독, 1997.

〈트루먼 쇼〉, 피터 위어 감독, 1998.

## / 읽을거리

박노해. 『그러니 그대 사라지지 말아라』. 느린걸음, 2010.

# 나가며

# 나가며

‘인간이란 무엇인가?’라는 물음은 몹시 중요하다. 때로 대답만큼, 아니 대답보다 물음이 더 중요한 경우가 있다. 이 물음은 인간이 일평생 물을 가치가 있는 물음이며, 그 대답을 평생 동안 기다려야 하는 물음이다. 그리고 다른 누구도 대신해서 말해줄 수 없고, 스스로 대답해야 하는 물음이다.

인간에게는 인간됨과 인간다움이라는 차원도 있다. 인간됨과 인간다움의 길도 쉽지 않다. 특히 자본주의가 심화되어 후기 자본주의가 된 이 시대에, 마이클 샌델의 말처럼 ‘시장을 소유한 사회’가 아니라 ‘시장 사회’가 된 이러한 시대에 인간이 되고, 인간답게 살기란 쉽지 않다. 그렇다고 인간다움을 포기하고 넋 놓고 그냥 살아갈 수도 없다. 우리 삶은 너무나 귀중한 것이기 때문이다.

‘인간이란 무엇인가? 어떻게 인간이 될 수 있는가? 어떻게 인간다울 수 있는가?’라는 물음을 붙잡고 길을 걸어갈 때 우리는 책을 참고할 수 있다. 책이라는 것 자체가 먼저 태어나서 앞서 길을 걸었던 인간(先生)이 전해주는 일종의 친절한 이정표이리라. 물론 후대의 인간들은 선인이 내어주고 닦아 준 길을 걸을 수도 있고 본인이 스스로 개척해서 길을 낼 수도 있지만 말이다.

"인간은 책을 만들고 책은 인간을 만든다"는 말이 있다. 비록 우리가 만난 책들은 인간이 만들어낸 산물이지만, 우리로 하여금 인간이 되는데 도움을 주는 그러한 책들이리라. 책은 저자의 삶에서 파생된 것이다. 그러나 저자의 육신은 사라져도 책은 그대로 남아서 후대에도 계속해서 영향을 끼친다. 저자보다 더 큰 존재의 미를 가진 것이 책인지도 모른다. 그렇게 삶은 책이 된다. 그리고 책은 다른 인간의 인간됨에 영향을 끼친다.

본서의 저자들은 지금까지 10권의 저서를 통해서 인간됨의 길을 걸어갈 때 마주치는 중요한 주제를 중심으로 인간을 살펴보았다. 인간의 삶은 태어남에서부터 시작해서 죽음으로 마무리된다. 본서는 그 범위에 있어서 탄생에서 죽음에 이르는 과정을 고찰한 책들을 고찰했다. 탄생에서 죽음에 이르기까지 인간의 삶은 사랑, 행복, 고통, 희망과 결부되어 있다. 인간과 관련해서 말할 수 있는 것이 무한히 많지만 사랑, 행복, 고통, 희망은 가장 중요한 것들이라고 해도 과언이 아닐 것이다. 이 문제와 관련된 책과의 만남은 우리 삶의 중요한 주제들을 심층적으로 반추하는 것에 도움을 줄 수 있을 것이다.

인간의 삶을 흔히 일생(一生)이라고 한다. 한번 태어나고 한번 죽는다는 것이다. 인간은 신체적으로는 한 번 태어나고 한 번 죽는다. 그러나 정신적으로는 거듭 새롭게 태어날 수 있다. 인간은 인간이기를 포기할 수도 있고, 비인간적인 무엇이 될 수도 있지만, 오에 겐자부로가 『닐스의 모험』에서 환기시켜 준 것처럼 다시 인간이 될 수도 있다.

본서가 인간임과 인간됨을 고민하고 인간다움을 모색하는 인간들에게 새롭게 태어날 수 있는, 다시 인간답게 될 수 있는 좋은 접촉점, 출발점이 되기를 바란다.

# 미주

1 A. Augustine, **성 어거스틴의 고백록**, 선한용 역(서울: 대한기독교서회, 2014), 394.

2 I. Kant, **순수이성비판 2**, 백종현 역(서울: 아카넷, 2006), 933.

3 백종현, **칸트 이성철학 9서 5제: '참' 가치의 원리로서 이성**(서울: 아카넷, 2013).

4 J. Huizinga, **호모 루덴스: 놀이하는 인간**, 이종인 역(고양: 연암서가, 2018).

5 J. Rifkin, **공감의 시대**, 이경남 역(서울: 민음사, 2010). D. Patnaik, **공감하는 인간: 호모 엠파티쿠스, 잠자는 비즈니스 감각을 깨우는 공감능력의 발견**, 주철범 역(서울: 이상, 2016)

6 Y. N. Harari, **호모 데우스: 미래의 역사**, 김명주 역(파주: 김영사, 2017).

7 사이보그는 사이버네틱 유기체(cybernetic organism)의 합성어이다. 사이버네틱스라는 말은 1948년 미국의 로버트 워너가 퍼트리기 시작했다. 최근에는 철학이나 SF 소설에까지 퍼져서 사이보그학(cyborgology)가 출현하게 되었다. 사이보그학에서는 인간이 신체를 완전히 포기하면서 기계가 되는 과정을 밟게 될 것이라고 예측하고 있다. 이를 흔히 인간 기계화의 네 단계라고 부른다. 이 네 단계는 환영(illusionism), 강화(fortification), 대체(replacement), 파면(displacement)으로 이루어져 있다. 파면의 단계에 이르면 인간은 정신 업로딩에 의해서 정신적인 기계에 도달하게 될 것이다.

8 R. Dawkins, **이기적 유전자: 진화론의 새 패러다임**, 홍영남 외 역(서울: 을유문화사, 2010) 참조.

9 M. A. Nowak, R. Highfield, **초협력자: 세상을 지배하는 다섯 가지 협력의 법칙**, 허준석 역(서울: 사이언스 북스, 2012).

10 고익진, "원시불교의 인간관," **현대한국불교의 방향: 高翊晉 佛敎時論集**(서울: 담마아카데미, 2019), 197-203.

11 M. Heidegger, *Einführung in die Metaphysik*(Frankfurt am Main: Vittorio Klostermann, 1983), 158.

12 임종렬, **모신(母神)**(서울: 한국가족복지연구소, 1999).

13 주요 내용은『모신』을 직 · 간접적으로 인용하여 적었으며, 필자가 파악한 주요 내용 흐름에 따라 소개하고자 페이지 순서가 일부 섞여있고, 직접 인용에만 페이지를 기재, 그 외 부분은 생략하였음.

14 W. Hugh Missildine, **몸에 밴 어린 시절**, 이석규 · 이종범 역(서울: 가톨릭출판사, 2010).

15 주요 내용은『몸에 밴 어린 시절』을 직 · 간접적으로 인용하여 적었으며, 직접 인용에만 페이지를 기재, 그 외 부분은 생략하였음.

16 임종렬, 97-99.

17 Donald W. Winnicott, **놀이와 현실**, 이재훈 역(서울: 한국심리치료연구소, 1997), 26.

18 The American Psychoanalytic Association, **정신분석 용어사전**, 이재훈 등 역(서울: 한국심리치료연구소, 2002), 113.

19 L. Gomez, **대상관계이론 입문**, 김창대, 김진숙, 이지연, 유성경 공역(서울: 학지사, 2008), 10-11.

20 Frank Summers, **대상관계이론과 정신병리학**, 이재훈 역(서울: 한국심리치료연구소, 2004), 211.

21 The American Psychoanalytic Association, 321.

22 Ibid., 327-328.

23 Margaret S. Mahler, Fred Pine, and Anni Bergman, **유아의 심리적 탄생: 공생과 개별화**, 이재훈 역(서울: 한국심리치료연구소, 1997), 171.

24 C.D. Ryff & C.L.M. Keyes, "The structure of psychological Well-Being Revisited," *Journal of Personality and Social Psychology* Vol. 69 no. 4 (1995): 719.

25 Tal David Ben-Shachar, **해피어 : 하버드대 행복한 강의**, 노혜숙 역(서울: 위즈덤 하우스, 2007), 31.

26 우훈식 · 이원빈 · 남승규, "공감이 긍정심리자본과 행복에 미치는 영향," **예술인문사회융합멀티미디어논문지** Vol. 9 no. 2 (2019): 316.

27 F. Luthans, "The Need for and Meaning of Positive Organizational Behavior," *Journal of Organizational Behavior* 23 (2002): 696.

28 Liz Hoggard, **행복 : 영국 BBC 다큐멘터리**, 이경아 역(서울: 예담, 2005), 313-314.

29 Bertrand Russell, **행복의 정복**, 이순희 역(서울: 사회평론, 2008), 155-156.

30 Liz Hoggard, 34.

31 Stefan Klein, **행복의 공식**, 김영옥 역(서울: 웅진지식하우스, 2006).

32 Daniel Nettle, **행복의 심리학**, 김상우 역(서울: 와이즈북, 2006), 69.

33 Tal David Ben-Shachar, 279.

34 Ibid., 72.

35 A. Abbe, C. Tkach & S. Lyubomirsky, "The art of living by dispositionally happy people," *Journal of Happiness Studies* 4 (2003) : 385-404.

36 Emmanuel Levinas, "Useless Suffering," *Entre Nous Essays on Thinking-of-the-Other* (New York: Columbia University Press, 1998), 92.

37 F. Nietzsche, **선악의 저편 · 도덕의 계보**, 김정현 역(서울: 책세상, 2002), 540.

38 Carolyn Zahn-Waxler & Marian Radke-Yarrow, "The origins of empathic concern," *Motivation and Emotion* Vol. 14 no. 2 (1990): 107-130.

39 A. Kleinmann & V. Das, **사회적 고통**, 안종설 역(서울: 그린비, 2002), 9.

40 N. I. Eisenberger & M. D. Lieberman, "Broken hearts and broken bones: The neurocognitive overlap between social pain and physical pain,"; Williams K. D., J. P. Forgas, von Hippel eds., *The social outcast: Ostracism, social exclusion rejection, and bullying* (New York: Cambridge University Press, 2005), 109-127.

41 전진성, **역사가 기억을 말하다**(서울: 휴머니스트, 2005), 15.

42 M. R. Leary & G. MacDonald, "Why does social exclusion hurt? the relationship between social and physical pain," *Psychological Bulletin* Vol. 131 no. 2 (2005): 202-223.

43 A. Frank, **안네의 일기**, 최지현 역(서울: 네버엔딩스토리, 2017), 62-63.

44 Hughes, William Richard, *A week's tramp in Dickens-Land: together with personal reminiscences of the 'Inimitable Boz'* (Oxford: Chapman & Hall, 1891), 226.

45 Martin Heidegger, **존재와 시간**, 이기상 역(서울: 까치, 1999), 314.

46 박승찬, **중세의 재발견: 현대를 비추어보는 사상과 문화의 거울**(서울: 도서출

판 길, 2018), 247-248.

47 박문재, “톨스토이의 생애,” L. Tolstoy, **고백록**, 박문재 역(파주: 현대지성, 2018), 142.

48 Ibid., 143.

49 석영중, **톨스토이 도덕에 미치다: 톨스토이와 안나 카레니나, 그리고 인생**(고양: 위즈덤하우스, 2009), 7.

50 S. Zweig, **톨스토이와 도스토예프스키: 빛과 어둠의 두 초상**, 장영은, 원당희 역(서울: 자연사랑, 2001), 8-10.

51 조유선, “톨스토이의 질병체험 내러티브: 이반 일리치의 죽음을 중심으로,” **러시아문학연구논집** 62집(2018): 144-145.

52 박찬국, **들길의 사상가, 하이데거**(서울: 그린비, 2013), 69.

53 E. Kübler-Ross and D. Kessler, **인생수업**, 류시화 역(서울: 도서출판 이레, 2014), 24.

54 E. Kübler-Ross and D. Kessler, **상실수업: 상실과 함께 살아가는 법**, 김소향 역(서울: 인빅투스, 2014), 8.

55 Ibid., 10.

56 E. Kübler-Ross, **죽음과 죽어감**, 이진 역(파주: 도서출판 이레, 2008), 65.

57 오진탁, **죽음 삶이 존재하는 방식**(서울: 청림출판, 2004).

58 정현채, “의사가 보는 삶과 죽음,” 정현채 외, **삶과 죽음의 인문학**(서울: 석탑출판, 2013), 33-34.

59 I. D. Yalom, **실존주의 심리치료**, 임경수 역(서울: 학지사, 2007), 116-117.

60 이대순, **공황장애, 그 죽음불안을 넘어서: 공황장애의 실존적 불안에 대한 기독교 상담**(서울: 학지사, 2014), 61-66 참조.

61 D. J. Levinson, **여자가 겪는 인생의 사계절**, 김애순 역(서울: 이화여자대학교 출판부, 2004. ); D. J. Levinson 외, **남자가 겪는 인생의 사계절**, 김애순 역(서울: 이화여자대학교 출판부, 1996).

62 임경수, "관계성을 통한 인생과 신앙,” 기독교의이해편찬위원회, **기독교의 이해**(대구:계명대학교출판부, 2008), 60-61 참조.

63 I. Yalom, **보다 냉정하게 보다 용기있게**, 이혜성 역(서울: 시그마프레스, 2008).

64 박찬국, **원효와 하이데거의 비교연구: 인간관을 중심으로**(서울: 서강대학교 출판부, 2010), 59.

65 Heidegger, **존재와 시간**, 66.

66 박찬국, **들길의 사상가, 하이데거**(서울: 그린비, 2013), 72.

67 Heidegger, **존재와 시간**, 340-341.

68 Ibid., 336.

69 Ibid., 355.

70 魯迅 외, **고향**, 민병덕 옮김(서울: 정산미디어, 2009).

71 이원재 외, **소셜픽션: 지금 세계는 무엇을 희망하고 있는가**(서울: 어크로스, 2014).

72 Jeremy Rifkin, **3차 산업혁명**, 안진환 옮김(서울: 민음사, 2012), 382-383.

73 이준, **내 코끼리만한 희망: 꿈을 이루려 뉴욕으로 떠난 15인의 희망전쟁**(파주: 달, 2011).

74 엑스턴은 미국요리학교(CIA) 커리큘럼 중 하나로 6개월 기간의 산학실습 프로그램이다.

75 박선영, "스와니에 이준 셰프를 만나다," 2019년 11월 30일 검색. http://chefnews.kr/archives/1171.

76 박선영, "스와니에 이준 셰프를 만나다," 2019년 11월 30일 검색. http://chefnews.kr/archives/1171.

77 에른스트 블로흐(Ernst Bloch)는 이러한 희망 이해를 '희망의 원리'라고 명명하고 주창한다. Ernst Bloch, **희망의 원리. 1-5**, 박설호 옮김(서울: 열린책들, 2004).

78 김용석, **두 글자의 철학: '혼합의 시대'를 즐기는 인간의 조건**(서울: 푸른숲, 2005), 79-81.

79 김진, **에른스트 블로흐와 희망의 원리**(울산: 울산대학교출판부, 2006), 112-113.

80 배철현, **신의 위대한 질문: 신이 원하는 것은 무엇인가**(서울: 21세기북스, 2015), 60.

# 참고문헌


고익진. "원시불교의 인간관." **현대한국불교의 방향: 高翊晉 佛教時論集**. 서울: 담마아카데미, 2019.

김용석. **두 글자의 철학: '혼합의 시대'를 즐기는 인간의 조건**. 서울: 푸른숲, 2005.

김진. **에른스트 블로흐와 희망의 원리**. 울산: 울산대학교출판부, 2006.

박선영. "스와니에 이준 셰프를 만나다." 2019년 11월 30일 검색. http://chefnews.kr/archives/1171.

박승찬. **중세의 재발견: 현대를 빛루어보는 사상과 문화의 거울**. 서울: 도서출판 길, 2018.

박찬국. **원효와 하이데거의 비교연구: 사람관을 중심으로**. 서울: 서강대학교 출판부, 2010.

박찬국. **들길의 사상가, 하이데거**. 서울: 그린비, 2013.

배철현. **신의 위대한 질문: 신이 원하는 것은 무엇인가**. 서울: 21세기북스, 2015.

백종현. **칸트 이성철학 9서 5제: '참' 가치의 원리로서 이성**. 서울: 아카넷, 2013.

석영중. **톨스토이 도덕에 미치다: 톨스토이와 안나 카레니나, 그리고 인생**. 고양: 위즈덤하우스, 2009.

우훈식 · 이원빈 · 남승규. "공감이 긍정심리자본과 행복에 미치는 영향." **예술인문사회융합멀티미디어논문지** Vol. 9 no. 2 (2019): 313-320.

오진탁. **죽음 삶이 존재하는 방식**. 서울: 청림출판, 2004.

이대순. **공황장애, 그 죽음불안을 넘어서: 공황장애의 실존적 불안에 대한 기독교 상담**. 서울: 학지사, 2014.

이원재 외. **소설픽션: 지금 세계는 무엇을 희망하고 있는가**. 서울: 어크로스, 2014.

이준. **내 코끼리만한 희망: 꿈을 이루려 뉴욕으로 떠난 15인의 희망전쟁**. 파주: 달, 2011.

임경수. "관계성을 통한 인생과 신앙." 기독교의이해편찬위원회. **기독교의 이해**. 대구: 계명대학교출판부, 2008.

임종렬. **모신(母神)**. 서울: 한국가족복지연구소, 1999.

조유선. "톨스토이의 질병체험 내러티브: 이반 일리치의 죽음을 중심으로." **러시아문학연구논집** 62집 (2018): 127-149.

전진성. **역사가 기억을 말한다**. 서울: 휴머니스트, 2005.

정현채 외. **삶과 죽음의 인문학**. 서울: 석탑출판, 2013,

魯迅 외. **고향**. 민병덕 옮김. 서울: 정산미디어, 2009.

Abbe, A. Tkach, C. & S. Lyubomirsky. "The art of living by dispositionally happy people." *Journal of Happiness Studies* 4 (2003) : 385-404.

Augustine, A. **성 어거스틴의 고백록**. 선한용 역. 서울: 대한기독교서회, 2014.

Ben-Shahar, Tal. **해피어 : 하버드대 행복학 강의**. 노혜숙 역. 서울: 위즈덤 하우스, 2007.

Bloch, Ernst. **희망의 원리, 1-5**. 박설호 옮김. 서울: 열린책들, 2004.

Dawkins, R. **이기적 유전자: 진화론의 새 패러다임**. 홍영남 외 역. 서울: 을유문화사, 2010.

Eisenberger, N. I. & M. D. Lieberman. "Broken hearts and broken bones: The neurocognitive overlap between social pain and physical pain." eds. Williams K. D., J. P. Forgas, von Hippel. *The social outcast: Ostracism, social exclusion rejection, and bullying*. New York: Cambridge University Press, 2005.

Frank, A. **안네의 일기**. 최지현 역. 서울: 네버엔딩스토리, 2017.

Gomez, Lavinia. **대상관계이론 입문**. 김창대 등 역. 서울: 학지사, 2008.

Harari, Y. N. **호모 데우스: 미래의 역사**. 김명주 역. 파주: 김영사, 2017.

Heidegger, M. *Einführung in die Metaphysik*. Frankfurt am Main: Vittorio Klostermann, 1983.

Heidegger, M. **존재와 시간**. 이기상 역. 서울: 까치, 1999.

Hoggard, Liz. **행복 : 영국 BBC 다큐멘터리**. 이경아 역. 서울: 예담, 2005.

Hughes, W. R. A *week's tramp in Dickens-Land: together with personal reminiscences of the 'Inimitable Boz'*. Oxford: Chapman & Hall, 1891.

Huizinga, J. **호모 루덴스: 놀이하는 인간**. 이종인 역. 고양: 연암서가, 2018.

Kant, I. **순수이성비판** 2. 백종현 역. 서울: 아카넷, 2006.

Klein, Stefan. **행복의 공식**. 김영옥 역. 서울: 웅진지식하우스, 2006.

Kleinman, Athur & Das, Veena. et al. **사회적 고통**. 안종설 역. 서울: 그린비, 2002.

Kübler-Ross, E. **죽음과 죽어감**. 이진 역. 파주: 도서출판 이레, 2008.

Kübler-Ross, E. and Kessler, D. **인생수업**. 류시화 역. 서울: 도서출판 이레, 2014.

Kübler-Ross, E. and Kessler, D. **상실수업: 상실과 함께 살아가는 법**. 김소향 역. 서울: 인빅투스, 2014.

Leary, M. R., & MacDonald, G. "Why does social exclusion hurt? the relationship between social and physical pain." *Psychological Bulletin* Vol. 131 no. 2 (2005): 202-223.

Levinas, E. "Useless Suffering." *Entre Nous Essays on Thinking-of-the-Other*. New York: Columbia University Press, 1998.

Levinson, D. J. **여자가 겪는 인생의 사계절**. 김애순 역. 서울: 이화여자대학교출판부, 2004.

Levinson, D. J. et al. **남자가 겪는 인생의 사계절**. 김애순 역. 서울: 이화여자대학교출판부, 1996.

Luthans, F. "The Need for and Meaning of Positive Organizational Behavior." *Journal of Organizational Behavior* 23 (2002): 695-706.

Mahler, Margaret S. and Pine, Fred and Bergman, Anni. **유아의 심리적 탄생: 공생과 개별화**. 이재훈 역. 서울: 한국심리치료연구소, 1997.

Missildine, W. H. **몸에 밴 어린 시절**. 이석규 · 이종범 역. 서울: 가톨릭출판사, 2010.

Nettle, Daniel. **행복의 심리학**. 김상우 역. 서울: 와이즈북, 2006.

Nietzsche, F. **선악의 저편 · 도덕의 계보**. 김정현 역. 책세상, 2002.

Nowak, M. A. and Highfield, R. **초협력자: 세상을 지배하는 다섯 가지 협력의 법칙**. 허준석 역. 서울: 사이언스 북스, 2012.

Patnaik, D. **공감하는 인간: 호모 엠파티쿠스, 잠자는 비즈니스 감각을 깨우는 공감 능력의 발견**. 주철범 역. 서울: 이상, 2016.

Rifkin, Jeremy. **공감의 시대**. 이경남 역. 서울: 민음사, 2010.

Rifkin, Jeremy. **3차 산업혁명**. 안진환 옮김. 서울: 책세상, 2002.

Russell, Bertrand. **행복의 정복**. 이순희 역. 서울: 사회평론, 2008.

Ryff, C.D. & Keyes, C.L.M. "The structure of psychological Well-Being Revisited." *Journal of Personality and Social Psychology* Vol. 69 no. 4 (1995): 719-727.

Summers, Frank. **대상관계이론과 정신병리학**. 이재훈 역. 서울: 한국심리치료연구소, 2004.

The American Psychoanalytic Association. **정신분석 용어사전**. 이재훈 외 역. 서울: 한국심리치료연구소, 2002.

Tolstoy, L. **고백록**. 박문재 역. 파주: 현대지성, 2018,

Winnicott, Donald W. **놀이와 현실**. 이재훈 역. 서울: 한국심리치료연구소, 1997.

Yalom, I. D. **실존주의 심리치료**. 임경수 역. 서울: 학지사, 2007.

Zahn-Waxler & Radke-Yarrow. "The origins of empathic concern." *Motivation and Emotion* Vol. 14 no. 2 (1990): 107-130.

Zweig, S. **톨스토이와 도스토예프스키: 빛과 어둠의 두 초상**. 장영은, 원당희 역. 서울: 자연사랑, 2001.

## 저자소개

_가나다 순

### 김재현

계명대학교 Tabula Rasa College 교수로 재직 중이다.
계명대학교에서 박사학위를 받았다. 신약성서학, 철학, 고전독서 등의 주제에 관심을 가지고 연구하고 있다.

### 김춘이

계명대학교 Tabula Rasa College 교수로 재직 중이다.
계명대학교에서 박사학위를 받았다. 기독교 상담, 장애인, 인성 교육 등의 주제에 관심을 가지고 연구하고 있다.

### 이인경

계명대학교 Tabula Rasa College 교수로 재직 중이다.
연세대학교에서 박사학위를 받았다. 다문화·다종교사회에서 다름과 차이의 존중, 공감 등의 주제에 관심을 가지고 연구하고 있다.

### 최봉도

계명대학교 인문국제학대학 기독교학과 교수로 재직 중이다.
University of Birmingham에서 박사학위를 받았다. 다문화사회와 다문화 가정 자녀 교육, 하나님 나라를 위한 교육 등의 주제에 관심을 가지고 연구하고 있다.

### 허선호

계명대학교 Tabula Rasa College 교수로 재직 중이다.
계명대학교에서 박사학위를 받았다. 예수의 사랑, 인간의 정신세계, 심리치료, 문화, 사회복지 등의 주제에 관심을 가지고 연구하고 있다.